Wolfgang Schmidbauer

Die Erstgeborenen

WOLFGANG SCHMIDBAUER

Die Erstgeborenen

Wie sie ihre Kindheit den Geschwistern opfern

BONIFATIUS

Bibliografische Information der Deutschen Nationalbibliothek:
Die Deutsche Nationalbibliothek verzeichnet diese Publikation in der Deutschen Nationalbibliografie; detaillierte bibliografische Daten sind im Internet über http://dnb.d-nb.de abrufbar.

Klimaneutrale Produktion.
Gedruckt auf umweltfreundlichem, chlorfrei gebleichtem Papier.

MIX
Papier | Fördert gute Waldnutzung
FSC® C083411

2. Auflage 2024

Umschlaggestaltung: Weiss Werkstatt München, *werkstattmuenchen.com*
Satz: Bonifatius GmbH, Paderborn
Druck und Bindung: CPI books GmbH, Leck
Printed in Germany

ISBN 978-3-98790-055-6

Weitere Informationen zum Verlag:
www.bonifatius-verlag.de

Inhalt

Einleitung

Im Nachlass meines im März 1939 geborenen Bruders fand ich ein Album mit Fotografien aus seinen ersten Lebensjahren. Ich besaß einen ähnlichen Band, helle Pergament-Imitation mit blauen Ecken aus Kunstleder. Zuerst war ich gar nicht sicher, ob wirklich Ernst abgebildet war und nicht ich. Auf den Fotos in „meinem" Album war *ich* das Kind mit den blonden Locken und dem sonnigen Gesichtsausdruck; Ernst neben mir trug die Haare kurz, gescheitelt und blickte – ernst.

Ich blätterte vor, ich blätterte zurück, es war klar: Dieser blühend und fröhlich aussehende, in das Objektiv lächelnde kleine Junge war mein großer Bruder, das erste Kind seiner Eltern, vom Fotografen in das beste Licht gerückt. Dann wurde ich geboren, Ernst musste zum ersten Mal zum Haareschneiden, seine Locken fielen, meine wuchsen. Sein Gesichtsausdruck veränderte sich: der Blick verhangen, der Mund gerade, die bisher vollen Lippen schmal und gepresst. Wenn ich seine Stimmung einfangen möchte, war es die Veränderung von *schön ist es auf der Welt zu sein* zu *es wartet eine Aufgabe*.

Unser Vater war ein leidenschaftlicher Fotograf, der seine Filme selbst entwickelte und in einer improvisierten Dunkelkammer bearbeitete. Im Mai 1941 kam ich zur Welt, der zweite Sohn. Auf den Fotos ab 1942 war Ernst zu sehen, der in den Kinderwagen blickt, neben dem Baby steht, mit einem Gesichtsausdruck, der zu seinem Namen und zu meinen Erinnerungen an ihn passt.

Der angespannte Blick des großen auf den kleinen Bruder. Von links: Ernst, Elisabeth und Wolfgang Schmidbauer, 1942

Unser Vater hat seine beiden Söhne zuletzt im Dezember 1942 fotografiert, wie sie die Kerzen am Weihnachtsbaum bestaunen und gemeinsam in einem Bilderbuch blättern. Viele Stunden seines letzten Fronturlaubs muss er damit verbracht haben, die Negative zu vergrößern und die Bilder in ein Album zu kleben, mit lakonischen Bemerkungen in seiner fließenden Handschrift. Im Januar 1944 ist er dann in der Ukraine gefallen, südlich von Kiew.

Der Eindruck, den das Gesehene auf mich gemacht hatte, mischte sich mit der aktuellen Trauer über Ernsts Tod. Jedenfalls traf mich der tragische Aspekt der Geschichte des Erstgeborenen wie ein Schlag. Ich war unschuldig und doch der Täter. Ich hatte ihm etwas kaputt gemacht.

Unsere kluge Mutter hat ihrem Erstgeborenen wohl gar nicht so banale Dinge gesagt wie, er sei nun groß und müsse vernünftig sein. Das war nicht nötig, das ergab sich wie von selbst und war doch schrecklich. Bisher gehörten ihm Welt und Mutter allein; jetzt war klar, dass er beides teilen musste und das Ganze verloren hatte. Ich hingegen wusste von Anfang an, dass da neben der Mutter noch ein Gefährte war, den ich interessant fand, von dem ich lernen, mit dem ich spielen konnte, freilich stets darauf bedacht, dass ich dem Zentrum der Macht näher blieb als er.

Ich kann nicht entscheiden, ob mir die Veränderung meines Bruders in dem Album aufgefallen wäre, wenn ich nicht durch meine Arbeit als Psychoanalytiker und Familientherapeut geschult wäre, auf solche Details zu achten. Zudem hatte ich in den letzten Jahren einige Patientinnen und Patienten analysiert, deren unbewusste Konflikte wieder und wieder in die beschriebene Situation führten: Sie sind Erstgeborene, sie nehmen Situationen ernst und schwer, die andere abschütteln, sie kämpfen darum, Beziehungen zu ordnen, zu kontrollieren, sie fühlten sich schuldig, wenn sie sich über weniger pflichtbewusste Kollegen ärgern.

Ich kann mich kaum erinnern, wie oft ich beschloss, nie wieder mit Ernst zu spielen, ihm nie wieder ein Buch zu leihen, nichts mehr zusammen zu unternehmen. Es war wie bei Mark Twain: *Nichts ist leichter, als das Rauchen aufzugeben, ich hab' es schon hundertmal gemacht.* Wenn in einer Therapie die Rede auf schwer erträgliche Geschwisterkonflikte kommt, sage ich manchmal: „Geschwister sind schrecklich. Aber keine zu haben ist schlimmer."

Wolfgang Schmidbauer auf den Schultern des Vaters, 1942

Die Entscheidung, dieses Buch zu schreiben, hat

sich aus dieser spät erkannten Verwandlung meines erstgeborenen Bruders und den vielfältigen Erfahrungen mit Erstgeborenen in der Einzel-, Gruppen- und Familientherapie gefügt. Beide Quellen spiegelt der Text. Ich werde zeigen, dass es fundamentale Unterschiede zwischen Erstgeborenen und allen anderen Geschwisterpositionen gibt, die in modernen Familien besonders ins Gewicht fallen. Wenn wir sie uns vergegenwärtigen, werden wir vergangene wie aktuelle Konflikte besser verstehen. Wenn ich Ernst und mich selbst immer wieder als Beispiele heranziehe, hat das den Vorzug, dass ich unbefangen und detailgetreu erzählen kann, während in den Fallgeschichten aus der Praxis die Personen durchweg in Fiktionen verkleidet wurden, um sie unkenntlich zu machen.

Ernst, Wolfgang und ihr Vater, Dezember 1942

Zur Vorbereitung auf meine Aussagen bitte ich Leserinnen und Leser um Verständnis für eine Neigung zur (Über)Pointierung. Sie entspringt der therapeutischen Arbeit, in der es darum geht, Aufmerksamkeit zu wecken und Denkprozesse anzustoßen. Ganz bestimmt opfern nicht alle Erstgeborenen ihre Kindheit den Geschwistern, leben nicht alle Kinder mehr unter Erwachsenen und weniger zwischen Kindern. Aber wenn das geschieht, verdienen die entstehenden Probleme unsere Aufmerksamkeit. Entwicklungsprozesse sind durchweg vielfältig bestimmt, Erbanlagen, soziale Einflüsse, persönliche Entscheidungen wirken zusammen.

Sie können die Macht der Geschwisterrolle kompensieren oder überdecken; zu jedem Einzelbeispiel gibt es ein Gegenbeispiel. Das sollte uns aber nicht hindern, uns in einzelne Fälle zu vertiefen und sie so gut wie möglich zu durchleuchten.

Mein Entschluss, das Allgemeine mit dem Persönlichen zu mischen, Aussagen über die Dynamik der Erstgeborenen mit meiner eigenen Bruderbeziehung zu verknüpfen, steht auch für dieses Dilemma. Die eigene Geschichte prägt das, was die Psychoanalyse Gegenübertragung nennt: Gedanken, Gefühle und Fantasien, die den Blick des Psychologen lenken und, wo sie unbewusst bleiben, sein Urteil trüben. Indem ich freimütig über meine Bruderbeziehung spreche, sollten – so hoffe ich wenigstens – Leserinnen und Leser ein Gefühl für die Eigenart einer Wissenschaft entwickeln, die Unbewusstes bewusst macht.

1. Die moderne Familie

In den Kleinfamilien der hoch entwickelten Länder haben sich viele Dinge verändert. Noch vor zweihundert Jahren wuchsen weitaus die meisten Kinder in Dörfern auf. Es wäre weder Mutter noch Vater in den Kopf gekommen, dass Erwachsene mit Kindern spielen sollen. Gespielt wurde durchaus, mehr und sicher wilder als heute, denn wenn das Baby zum Spielkind reifte, zog es hinaus und konnte sich in einer Gruppe zusammen mit anderen Kindern, gleichaltrigen, älteren, bald auch jüngeren auf die Vielfalt menschlicher Beziehungen, auf Liebe, Hass, Neid und Eifersucht vorbereiten.

Heute gibt es viele Einzelkinder; am häufigsten ist die Zweikinderfamilie. Spielgruppen sind gleichaltrig und werden von Erwachsenen kontrolliert. Eltern fühlen die Pflicht, ihre Kinder zu fördern, Lehrer fordern die Klasse auf, sich bei Mobbing an sie zu wenden. Kinder wachsen nicht mehr im Freien mit Kindern auf, sondern in geschlossenen Räumen unter Erwachsenen. Geschwister können die archaischen Spielgruppen, die Stammeskultur und Dorfleben prägten, nicht ersetzen.

Ich habe viele Jahre mit Therapie- und Selbsterfahrungsgruppen gearbeitet, die in der Weiterbildung von Therapeuten und

Beratern eine wichtige Rolle spielen. Manchmal glaubte ich den Verlust der urtümlichen Spielgruppe zu ahnen, wenn der Freiraum, sich in einer sozialen Situation darzustellen und neugierig auf Menschen zuzugehen, erst einmal kaum genutzt wurde. Zehn kluge, sozial interessierte Menschen in einem Raum haben Mühe, die Ängste zu überwinden, die das schlichte Angebot auslöst, zu sagen, was sie gerade übereinander denken, fühlen und herausfinden möchten.

Einige Male habe ich Untergruppen gebildet. Sie sollten gemeinsam darüber nachdenken, was die Geschwisterrolle mit uns macht: Älteste, Jüngste, Mittlere und Einzelkinder. Typische Äußerungen sind, dass die Erstgeborenen sich an den Verlust der eigenen Kindheit erinnern, wenn ein Geschwister kommt, aber auch an den Gewinn an Macht und Einfluss. Sie fühlen sich verantwortlich, sie werden in die Rolle des Vorbilds gedrängt und geben sich dann auch Mühe, diese auszufüllen.

Das führt zu Konflikten außerhalb der Familie. Eine Szene, geschildert in einer Therapie: Der Erstgeborene trägt sein erstes Gymnasialzeugnis nach Hause, nur Einsen, im Sport die Zwei. Auf dem Weg trifft er einen etwas älteren Jungen, der sich nach den Noten erkundigt. Arglos gibt der Elfjährige Auskunft. Der Kommentar des Älteren „Ein echtes Streberzeugnis“ erschüttert ihn zutiefst. Er will unbedingt die Sportnote verbessern und übt an der Stange, bis er blaue Flecken hat. „Bis heute fürchte ich, dass mich jemand für einen Streber hält, ich sage nie meine Noten.“

Die Tragik dieser Szene liegt darin, dass der Elfjährige den impliziten Auftrag der Mutter erfüllt, den beiden jüngeren Geschwistern ein zuversichtlich stimmendes Vorbild für den Übertritt in das Gymnasium zu sein. Indem er das tut, macht er sich angreifbar, gilt als Streber und Schleimer. Zusammengefasst: Wer innerhalb der Familie Verantwortung übernehmen und Vorbild sein soll, kann eben deshalb außerhalb der Familie anecken und eingeschüchtert auf der Strecke bleiben.

Erstgeborene finden die Jüngeren (die für sie nie wirklich aufhören werden, die *Kleinen* zu sein) ansprüchlich und undankbar. Sie mussten den Eltern Freiheiten abringen, die den jüngeren Geschwistern in den Schoß fallen. Sie formen die Eltern (oder versuchen es wenigstens), unterstützen sie, sich angemessen um ihre kleinen Geschwister zu kümmern, und erwarten Dankbarkeit.

Die Jüngeren hingegen sehen nicht ein, warum sie dankbar sein sollen. Das wäre doch eher Pflicht der Erstgeborenen, die sich so lange wichtigmachen durften und sich dann auch noch geziert haben, von ihrem Vorsprung abzugeben. Die mittleren Kinder schauen angesichts solcher Debatten nach beiden Richtungen und sagen sich, ach, wir können die Großen verstehen und die Kleinen auch, wir kennen beides, wir sind erst die Kleinen gewesen, und als dann noch jemand geboren wurde, waren wir auf einmal die Großen. Immer gab es jemand, der oder die das schon gewesen war. Was wir an Bedeutung gewonnen haben, haben wir auch wieder verloren. Wir sind flexibel, ziehen los und suchen anderswo unser Glück.

Einzelkinder empfinden selten ihre Position als privilegiert und fühlen sich von der ungeteilten Aufmerksamkeit der Eltern beglückt. Sie erleben sie eher bedrückend. Wo sich sonst die Ansprüche und Sorgen der Eltern auf verschiedene Kinder verteilen, sind sie aufgerufen, es ganz allein beiden recht zu machen. Oft verfolgt sie die paradoxe Fantasie, „zu viel" zu sein, denn sie hören nicht selten, die Eltern seien schon von der Erstgeborenen so gestresst und gefordert gewesen, dass sie lieber kein zweites Kind in die Welt gesetzt hätten. Sie äußern Ansprüche nur, wenn sie ganz sicher erfüllbar sind, und neigen dazu, mit hoher Sensibilität Kritik vorwegzunehmen.

Kaum weniger häufig als Einzelkinder aus überforderten Ehen sind Kinder, die mit einem Elternteil aufwachsen, weil das Paar entweder nie vorhanden war oder sich angesichts der Schwangerschaft auflöste. Hier spielt die fast unausweichlich enge und gegen die Außenwelt verteidigte Bindung zwischen Mutter und Kind eine prägende Rolle.

Das hat Folgen, die an klassische Schicksalstragödien erinnern. Die von der Symbiose mit ihrer Mutter geprägte Tochter findet einen Partner, der – wie sie auch – die gemeinsame Liebe idealisiert und ihr die Wünsche von den Augen abliest. Dann wird sie schwanger; die Partner sind nicht fähig, den Verlust an erfüllter Zweisamkeit durch die Ankunft dieses fordernden Dritten zu verarbeiten. Sie ist enttäuscht, dass er sie mit dem Baby nicht entlastet; er ist enttäuscht, dass sie das Baby wichtiger nimmt als ihn. So erfüllt sich das Schicksal des Einzelkindes zum zweiten Mal: Sie bindet sich enger an das Kind, er findet eine neue Liebschaft.

Einmal habe ich in einer Selbsterfahrungsgruppe eine Diskussion verfolgt, ob neue Mitglieder aufgenommen werden sollten. Die Debatte war hitzig, die einen fürchteten die Störung des gewachsenen Miteinanders, die anderen wünschten sich Anregungen und frische Dynamik. Irgendwann fragte ich, wer älteres, wer jüngeres Geschwister sei – und in der Tat: Die Partei der geschlossenen Gruppengrenze bestand aus älteren Brüdern und Schwestern, die das Erreichte schützen wollten. Die Gegenpartei setzte sich aus Zweit- und Drittgeborenen zusammen, die einmal selbst Eindringlinge gewesen waren und ihren Platz erobern mussten.

Alfred Adler hat zuerst die *Entthronung* der Erstgeborenen thematisiert. Die unterschiedliche Entwicklung von Geschwistern je nach ihrer Position in der Familie ist besonders gründlich von Walter Toman[1] untersucht worden. Von ihm stammt das in vielen Beobachtungen belegte Modell der Duplikation (Doppelung): Wenn der ältere Bruder einer Schwester die jüngere Schwester eines Bruders heiratet, hat diese Ehe mehr Aussicht auf Bestand als etwa die Partnerschaft zwischen zwei Erstgeborenen. Ähnliches gilt in abgeschwächter Form auch für Elternschaft: Wer selbst Erstgeborener ist, wird seinen erstgeborenen Sohn besser verstehen.

In der späteren Literatur, etwa in einer Zusammenfassung der Geschwisterforschung durch Hartmut Kasten[2], wird gegen Toman ins Feld geführt, dass er die frühen Erfahrungen zu stark gewichtet. Wie oft in Polemiken gegen die Psychoanalyse wird ihr eine Grundannahme unterstellt, die sie so nicht vertritt.

Wer die Verletzlichkeit von Kindern akzentuiert, *erklärt* keineswegs „alles" aus der Kindheit. Nicht allein die „moderne, dynamische Persönlichkeitspsychologie", wie Kasten behauptet, auch die Psychoanalyse ging immer davon aus, dass es gerade keinen inneren Zwang gibt, die in der Ursprungsfamilie erworbenen Muster sklavisch auf das erwachsene Leben zu übertragen.

Toman sieht die biografische Aufgabe darin, mit den eigenen Grundstrukturen zu arbeiten und sie zu verstehen, um freier zu werden. Er warnt davor, mit frisch erworbenem Wissen loszuziehen und Beziehungen zu kommentieren. Zwar seien die meisten Menschen neugierig und auch dankbar für Interesse, das ihren Fa-

---

1 Walter Toman: Familienkonstellationen. Ihr Einfluss auf den Menschen. München (C.H.Beck) 1965 und folgende Jahre in überarbeiteten Ausgaben.

2 Hartmut Kasten: Geschwister. Vorbilder, Rivalen, Vertraute. München (Ernst Reinhardt) 2003.

milienverhältnissen entgegengebracht wird. Aber sie reagieren empfindlich auf Werturteile und Versuche, sie durch angeblich überlegenes Wissen einzuschüchtern. Familienkonstellationen können ausgeprägte Folgen haben, sind aber immer nur ein Teil der Gesetzmäßigkeiten, die unser Verhalten bestimmen, und nie zwingend. Wer sie erkennt, verliert nicht an innerer Freiheit, sondern gewinnt an Einsicht und Möglichkeiten, sein Leben zu gestalten.

Indem sich Erwachsene an ihre frühen Ängste erinnern, können sie Kinder trösten und geliebten Menschen ein Gefühl der Nähe vermitteln. Dadurch werden Selbstgefühl und Weltvertrauen gefestigt. Wir werden sicherer, dass uns Gleiches mit Gleichem vergolten wird.

Die Kleinfamilie hat sich zu einer Symmetrie von zwei Paaren entwickelt. Das Liebespaar erweitert sich um ein erstes Kind; wenn es diese Erweiterung einigermaßen verträgt, kommt noch ein zweites. Das ist heute der am wenigsten infrage gestellte Zustand einer Familie.

Einzelkinder werden gefragt, warum sie keine Geschwister haben. Aber niemand problematisiert es, wenn nach der zweiten Geburt die Familienplanung abgeschlossen ist. Die Sache fühlt sich auf einem bedrängten Planeten richtig an: zwei Eltern, zwei Kinder, perfekt.

Die Gruppendynamik gestaltet sich nach der Geburt des zweiten Kindes komplett neu. Es gibt keine Veränderung in einer modernen Familie, die so unerwartete Folgen hat. Mit der ersten Schwangerschaft beschäftigen sich die Eltern intensiv; sie sind darauf vorbereitet, dass danach nichts mehr so sein wird wie bisher. Das zweite Kind hingegen erleben sie vielfach als Vollendung und krönenden Abschluss des Lernprozesses, den das erste Kind eingeleitet hat.

Ihr inneres Bild ist eine Konstruktion, wie der Bau eines Hauses. Wer das zweite Mal ein Haus baut, geht zuversichtlich ans Werk: Er wird diesmal alle Fehler vermeiden können, die er in seiner Unerfahrenheit beging. Womöglich hat sich das erste Kind auch einen Spielkameraden gewünscht, die Eltern rechnen damit, dass es sie zufrieden und dankbar unterstützt.

Von den Erstgeborenen ist nicht zu erwarten, dass sie frei sind von der basalen Illusion, die sich Menschen übereinander machen: Mein Geschwister wird sein wie ich, *normal.* Sie erwarten ein Wesen, mit dem sie sich austauschen können – haben nicht die Eltern davon gesprochen, „… dass ihr dann schön miteinander spielen könnt"?

Niemand hat die Erstgeborenen darauf vorbereitet, dass da ein hilfloses, aber lautstarkes, bedürftiges und selbstbezogenes Geschöpf ins Haus kommt. Es nimmt die Mutter in Beschlag; diese schickt die Erstgeborenen zum Vater, der sich womöglich ebenso abgehängt fühlt und den Humor verliert, wenn die Erstgeborenen auf seine ungewohnte Zuwendung nicht begeistert reagieren und gar vermitteln, nur mit der Mama fühle sich das Leben richtig an. Warum kann denn der Papa nicht das Baby übernehmen, damit alles wieder so ist, wie es war?

Besonders komplikationsträchtig sind die Fälle, in denen das erste Kind bei einer Großmutter oder Tante aufgewachsen ist. Die Eltern wollten im Beruf bleiben und erst einmal so viel verdienen, dass die Familie eine ordentliche Wohnung hat. Als diese bezogen wurde, sollte auch das zweite Kind kommen und aus der bisher improvisierten Familie eine *richtige* werden.

Eine Erstgeborene, die sich an die Oma gebunden hat und jetzt die neue Wohnung mit Vater, Mutter und einem kleinen Brüderchen teilen soll, bedroht das Idealbild der Familie durch für die Eltern unpassende Gefühle. Sie ist traurig, weil sie die Großmutter verloren hat, reagiert beleidigt auf den Wunsch der Mutter, für die Zuwendung der *richtigen* Mama dankbar zu sein.

In der Therapie solcher Familien geht es darum, den unvermeidlichen Schmerz hinzunehmen und nicht zu verleugnen. Sonst wird der Löschwasserschaden größer als der Brandschaden. In den Familien von Migranten ist die beschriebene Dynamik nicht selten. Das erste Kind wächst bei der türkischen Großmutter auf, die in Anatolien geblieben ist, während sich die Eltern in Mitteleuropa eine Existenz aufbauen. Irgendwann ist diese stabil genug, um das ausgelagerte Kind zurückzuholen.

Migrationen fügen der allgegenwärtigen Rivalität zwischen Geschwistern ein Element hinzu: Wer kommt am besten mit der neuen Umgebung zurecht, beherrscht die Sprache, findet Freunde? Hier haben die im Gastland geborenen Kinder einen Vorsprung, der die Konflikte mit den noch in der früheren Heimat aufgewachsenen Kindern verschärft.

Diese Entwicklung ist Teil eines Prozesses, der ganz allgemein die Bedeutung der Eltern schwächt und die der Gruppe annähernd Gleichaltriger stärkt. In einem traditionellen Kontext fragen Heranwachsende die Eltern, wenn sie auf Hindernisse stoßen. Da sich Werkzeuge und Aufgaben nur langsam ändern, haben Erwachsene einen Vorsprung. Kinder können von ihnen lernen. In der digitalen Welt hingegen ändern sich Kulturtechniken so schnell, dass in der Regel Gleichaltrige besser Bescheid wissen und nicht nur Eltern mit einem Migrationshintergrund ihre Kinder als Lotsen brauchen. Nur noch im Märchen und in der Archetypenlehre von C. G. Jung gibt es den alten Weisen, der die schwierigen Fragen beantwortet.

Ich habe mich nie gefragt, wie es gewesen wäre, eine große Schwester statt des großen Bruders zu haben. Ernst war sozusagen absolut unangefochten der Erstgeborene. Mein Vater war wie ich der zweite Sohn; meine Mutter die zweite Tochter von drei Mädchen.

Während ihrer zweiten Schwangerschaft wünschte sich meine Mutter ein Mädchen. Als sie mir das erzählte, bewegte mich das wenig. Einmal gab es als exotischen Nachtisch eine Kokosnuss. Damals habe ich, vielleicht acht Jahre alt, die Hälften unter meinen Pullover gesteckt und als Frau posiert. Erst in der Pubertät fragte ich mich, was aus mir für ein Mädchen geworden wäre. Ich band mir ein Kopftuch, studierte mich im Spiegel und fand, ich sähe aus wie Romy Schneider.

Ich erinnere mich an eine fünfundvierzigjährige Analysandin, die sich zwar über die gute Beziehung ihrer beiden Söhne zum Vater freute, aber sich manchmal auch sehr isoliert fühlte, wenn die drei sich gegen die Vorstellungen der Mutter über Ordnung und Sauberkeit belustigten. Einmal träumte die Mutter intensiv, sie sei schwanger und bringe ein kleines Mädchen zur Welt, das genau ihre schwarzen Haare habe. Im Erwachen war sie enttäuscht. Ich habe mir die Szene wohl auch deshalb gemerkt, weil meine Mutter die längste Zeit unseres Lebens ähnlich die Frau unter Männern war.

Väter von Töchtern klagen weit seltener darüber, dass sie gegen eine weibliche Übermacht nicht ankommen. Im Gegenteil, sie wirken eher stolz, wie wichtig sie für jede einzelne der Töchter sind.[3] Ich vermute, dass hier ein Motiv mitspielt, das sich als Desidentifizierung des Sohnes gegenüber der Mutter verstehen lässt.

---

3 Ein Beispiel ist die Kolumne *Prüfers Töchter,* die seit 2020 im ZEIT-Magazin erscheint.

Die weitaus einflussreichste Person im frühen Leben *beider* Geschlechter ist eine Frau. Während das Mädchen von Anfang an erfährt, dass diese machtvolle Figur ihm gleicht, macht der Junge eine andere Erfahrung: Die ihm an Kraft und Wissen unendlich überlegene Gestalt, die über Schmerz und Befriedigung entscheidet und das keimende Ich nötigt, sich ihrer Macht zu unterwerfen, ist *anders*. Zunächst will er sich das gar nicht vorstellen, rüstet in seinen Fantasien die Mutter mit einem Penis aus. Irgendwann erkennt er, dass er die primäre Identifizierung mit ihrer Macht opfern und etwas Eigenes finden muss.

Diese seelische Umstrukturierung schwächt das Ich; daher verbünden sich Männer in der Regel hartnäckiger und aggressiver als Frauen untereinander. Bruder und Schwester finden in der Familie mit zwei Kindern leichter Lösungen für ihre Rivalität als zwei Brüder oder zwei Schwestern. Sie sind angeregt, unterschiedliche soziale Räume zu besetzen, ein Prozess, der deutlich anstrengender ist, wenn er sich zwischen Personen des gleichen Geschlechts abspielt.

Als jüngerer von zwei Brüdern habe ich früh angefangen zu schreiben und Psychologie studiert. Mein Bruder hingegen war ein begabter Elektrobastler, baute Radios und studierte Physik. Ich verglich diese Entwicklung später mit dem biologischen Konzept der ökologischen Nische: Wer sich einen eigenen Raum erschließt, hat dort bessere Entwicklungsmöglichkeiten.

In der Entscheidung meines Bruders war auch die Desidentifizierung spürbar, denn unsere Mutter konnte mit Literatur und Psychologie weit mehr anfangen als mit seinen Themen, Mathematik und Technik. Unsere Interessendifferenz war während der Adoleszenz und in den ersten Berufsjahren sehr ausgeprägt. Später fanden wir im Interesse für Naturschutz und Gärtnern eine neue Gemeinsamkeit mit unserer Mutter, deren Haus mit Garten mein Bruder nach ihrem Tod bewohnte.

Kain ist Ackerbauer, Abel Hirte; in *Genesis* ist ihr Streit auf Jahwe bezogen, der Abels Opfer mehr schätzt. Weltlich gesehen, wurzelt die hilflose Wut von Kain in dem Streit zwischen Hirten und Bauern. Diese Dynamik verstehe ich besser, seit ein während meiner Aussteiger-Zeit in der Toskana angelegter Garten die Aufmerksamkeit der Schafherde eines Nachbarn fand. Der Hirt sagte, es tue ihm leid, „*ma sono bestie*", es seien eben Tiere. Ich unterdrückte meine Mordlust und baute einen Zaun.

Anders als Jahwe bemühte sich meine Mutter sehr, keinen ihrer Söhne zu bevorzugen. Alles wurde in zwei Hälften geteilt. Unsere anfangs nicht von Armut und Hunger befreite Kindheit war von dem Prinzip geprägt: Wer teilt, darf nicht wählen. Wenn es ein Stück Käse, Wurst, Kuchen oder Fleisch gab, das jeder von uns gerne ganz gehabt hätte, machte sich der eine daran, zwei Hälften zu machen; der zweite wählte.

Ich war überzeugt, dass dieses einleuchtende Prinzip allen Brüderpaaren bekannt sei, und war sehr überrascht, als ein Klient von Konflikten mit seinem älteren Bruder im Rahmen einer Erbauseinandersetzung berichtete. Er hatte noch nie etwas von dem Prinzip gehört, wonach der erste zwei Hälften bildet und der zweite wählt, welche Hälfte er haben will.

Der Vater meines Klienten war nach der Heimkehr aus der Kriegsgefangenschaft überzeugt gewesen, der während seiner Abwesenheit geborene Sohn sei nicht sein leibliches Kind. Die Mutter beteuerte das Gegenteil. Die Brüder wuchsen getrennt auf, der Vater starb früh. Die Mutter hatte von einem Großvater, der ein erfolgreicher Bildhauer war, einige Werke und Modelle geerbt, die nach ihrem Tod unter den Brüdern geteilt werden sollten.

Mein Klient machte sich große Sorgen, er fürchtete den Jähzorn des älteren Bruders, wollte aber auch nicht klein beigeben. Ich fragte verblüfft, ob er denn die mir so vertraute Form der gerechten Teilung nicht kenne. Sie war ihm in der Tat fremd. In meiner Erinnerung führt ihre Erfindung in jene Vorzeit zurück, in der etwas schon immer so gewesen ist; jetzt überlegte ich, ob nicht doch unsere Mutter sie eingeführt hatte. Mein Gedanke, dass *alle* Geschwisterpaare das so machen, erwies sich jedenfalls als voreilig. In der Folge bekam ich von meinem Klienten Komplimente für meine triviale, aber wirkungsvolle Idee.

Wenn ein Paar nicht verhütet und die Mutter stillt, folgen Geburten einander im Abstand von rund zweieinhalb Jahren. Dieser Altersunterschied begünstigt die typischen Rivalitäten zwischen Erst- und Zweitgeborenen. Sie lernen beide schneller sprechen als Zwillinge, die häufig schon auf einer präverbalen Ebene so intensiv kommunizieren, dass ihr Spracherwerb zunächst verzögert ist. Es zeigt sich hier, dass es kaum eine bessere Möglichkeit gibt, eigene Fertigkeiten zu üben, als sie einem wissbegierigen Gegenüber zu erklären.

Zwillingen fehlt dieses Element der schöpferischen Differenz, das für Geschwisterpaare mit geringem Altersunterschied freilich auch spezifische Belastungen der Erstgeborenen mit sich bringt. Sie sind immer die „Großen", ihrem Vorsprung im eigenen Erleben verpflichtet, aber auch von den Eltern zu Vernunft und Rücksichtnahme angehalten.

Die Zweitgeborenen hingegen können verschiedene Rollenbilder inszenieren, was ihnen unter Umständen als Falschheit,

Angeberei oder Ansprüchlichkeit ausgelegt wird. Manchmal ist es praktisch, klein, dumm und schutzbedürftig zu sein, einen großen Bruder zur Verstärkung holen zu können oder ihn dabeizuhaben. Dann wieder ist absolut nicht einzusehen, warum ich als der „Kleine“ nicht genau die gleichen Rechte habe wie der „Große“ und warum ich, wenn die Gelegenheit günstig ist, auf den Versuch verzichten sollte, ihn in den Schatten zu stellen.

Kain plagt sich, ackert und jätet; Abel hingegen hat leider nicht bemerkt, dass sich seine Ziegen an Kains sprießender Saat gütlich tun. Oft sind auch die Eltern ein ungerechter Gott, der mit mehr Wohlgefallen auf den Jüngeren blickt, der sich besser einschmeicheln kann.

Mit den Jahren zwischen der ersten Geburt und einer zweiten verkleinert sich das Areal, in dem die Geschwister aufeinander wirken. Je kürzer das Intervall, umso stärker prägt sich anfangs die Nähe aus – und später gar nicht selten eine Distanz, die unvermeidlich ist, wenn sich zwei Menschen sehr nahegekommen sind und doch diese Nähe nicht halten können. Wenn der Erstgeborene bereits in die Schule geht, wenn er eine Schwester bekommt, lebt er schon in einer anderen Welt und wird eine gewisse Distanz aufrechterhalten, die erst dann revidiert wird, wenn auch die Schwester erwachsen wird und beide nun einander entdecken können.

2. Der große Bruder und ich

Ehe eine Behandlung beginnt, sollen Patientinnen und Patienten ihre Lebensgeschichte erzählen. Ich frage nach den Eltern, den Geschwistern und den Beziehungen zu ihnen während der Kindheit. Was ist aus ihnen geworden, wie ist der aktuelle Kontakt? So habe ich ein breites Spektrum von Brüder- und Schwesternschicksalen kennengelernt, mich in die spezielle Situation der Einzelkinder und Halbgeschwister vertieft. Immer wieder dachte ich an meine eigene Rolle als der Jüngere von zwei Brüdern in einer durch den Krieg vaterlosen Familie, ein Geschwisterschicksal, das von großer Nähe, stummer Distanzierung und vorsichtiger Wiederannäherung bestimmt war.

In meinen Gefühlen mischten sich Neid und Befriedigung. Der Neid galt Geschwistern, die sich auch als Erwachsene oft sahen und gut verstanden, die gemeinsam Urlaub machten und gegenseitig Kinder hüteten. Die Befriedigung entfaltete sich angesichts von Geschwisterkonflikten, in denen Augenmaß und Vernunft der puren Rache geopfert wurden, man sich über die Anerkennung vonseiten der Eltern entzweite oder Prozesse um ein Erbe führte. Mein Bruder und ich sind uns als Erwachsene nicht mehr wirklich nahegekommen, aber die Fragmente der kindlichen Nähe trugen neben dem starken Vorbild mütterlicher Rationalität dazu bei, konstruktiv zu bleiben.

Unsere letzten gemeinsamen Unternehmungen waren Reisen mit Moped und Schlafsack nach Ravenna und Genua im Sommer 1957 und 1958. Wir übernachteten in zwei Zelten, füllten unsere mit Filz bezogenen Feldflaschen an öffentlichen Brunnen, aßen Brot mit Margarine, kauften Käse und Obst, schwammen in jedem Gewässer, das sich blicken ließ, auch über den Po, der längst nicht so herausfordernd war wie der Inn bei Deindorf.

Weil wir außer für Benzin noch kaum etwas ausgegeben hatten, kaufte sich jeder von uns in Venedig eine strohumflochtene Flasche Wein. Ich packte die meine in die Schlafsack-Zelt-Rolle, während mein Bruder die seine öffnete. Er war immer gieriger als ich, hatte seinen Teller mit Weihnachtsgebäck schon geleert, wenn ich noch nicht mit meiner Einteilung fertig war, welche Plätzchen ich zuerst essen wollte, welche später.

Erleichtert, das unübersichtliche, mopedfeindliche Venedig hinter uns zu lassen, fuhren wir nach Süden, in Richtung Porto Garibaldi. Wir übernachteten in einem Pinienwald; zwischen vielen Betonbunkern gab es dort in den Sand vergrabene Riesenschildkröten, die in ihren Rücken die Hitze des Tages speicherten. Mein Bruder wurde nach dem Abendessen (einer Tütensuppe, auf einem kleinen Benzinkocher zubereitet, Brot und Margarine) plötzlich auffallend gesprächig. Er stolperte zwischen den Bunkern umher und schüttete sich aus vor Lachen, wenn er eine Sanddüne hinunterrutschte, weil er nicht mehr sicher auf den Beinen war. Ich fragte ihn, was er denn habe, ob er krank sei oder spinne. Das schien seine Heiterkeit noch zu steigern.

Endlich entdeckte ich, dass er seine Weinflasche fast ausgetrunken hatte. Wie zwischen uns üblich, hatte er mich weder eingeladen noch von seinem Zechen unterrichtet. Am nächsten Morgen war er mürrischer und schweigsamer als sonst. Wir schüttelten den Sand aus Zeltbahn und Schlafsack, wühlten die Aluminiumheringe aus dem Boden und fuhren weiter, ohne über sein Verhalten am Abend zu sprechen. Sein Wein war besser angelegt als meiner. Irgendwo auf der Rückfahrt zerbrach die Flasche. Ich merkte es erst, als sich ein großer roter Fleck an meiner Rolle aus Schlafsack, Zelt und Regenmantel abzeichnete – als würde ich eine Leiche verbergen. Es war nichts mehr zu retten. Nie würde ich zu Hause in meinem Zimmer sitzen und eine würdige Verwendung für diese Flasche finden. Dafür musste ich eine Nacht das Zelt um mich wickeln, den wie einen Schwamm durchfeuchteten Schlafsack als Unterlage verwenden und in einer Wolke von Weingeruch schlafen.

In den Städten trabten wir durch Kirchen und Museen. Ich gab mir Mühe, etwas von dem zu finden, was ich in meinen Büchern über Kunstgeschichte gelesen hatte. Aber ich war auch erleichtert, wenn wir hinaustraten in das staubige Licht mit seinen harten Schatten und weiterfuhren.

Italien war 1957 ein Eldorado der Kleinmotorräder. Viele Fahrer winkten uns zu. Wenn wir nach dem Weg fragten, geschah es nicht selten, dass uns einer mit seiner Lambretta ein Stück geleitete, uns an der entscheidenden Kreuzung mit heftigen Gesten in die gewünschte Richtung einwies und dann, als gälte es, die verlorene Zeit aufzuholen, pfeilschnell in einer Qualmwolke entschwand. Doppelt erleichtert, weil er uns gefällig gewesen und sich so schnell empfohlen hatte, winkten wir ihm nach.

Ich stand vor Theoderichs Grabmal, das tief in den Boden gesunken war, als sei er zu weich, um die Last des mächtigen Monolithen zu tragen, den ein Blitz gespalten hat. San Apollinare nuovo, San Vitale, ich spürte wenig vom Zauber der Kunst, den ich gesucht hatte. Die Mosaiken hatten mir gut beleuchtet auf den Bildern in meiner *Geschichte der Kunst* in zwei Bänden besser gefallen als jetzt, wo ich Mühe hatte, sie im Halbdunkel zu erkennen, und der Nacken schmerzte vom Blick nach oben.

In San Vitale stand das Wasser auf dem Mosaikboden. Man musste über hölzerne Stege laufen, wie in einer ertrinkenden Welt. Nur in dem kleinen Grabmal der Galla Placidia empfand ich die Magie eines verschwundenen Glaubens. Die Mosaiken waren zum Greifen nah, bunte Vögel spielten zwischen grünen Ranken. Statt Glas hatten die Erbauer Alabasterscheiben in die Fensterluken gesetzt. Es war, als sei ich in einem unterirdischen Reich und außen warte, von einem Goldfaden umspannt, König Laurins Rosengarten. Draußen leuchtete eine grelle Sonne, Staub lag auf den Zypressen, ein Moped mit einem winzigen Viertaktmotor fuhr vorbei. Es machte Lärm wie ein Traktor. An der Kreuzung stoppte der Fahrer mit dem hektisch ersterbenden Schnüffeln des Dekompressionsventils.

Wir setzten uns in den Schatten eines Triumphbogens und schauten auf die Karte. San Apollinare in classe hatten wir noch nicht gesehen. Das war draußen, in Richtung Meer. Plötzlich schien die Hitze unerträglich. Wir mussten baden. So verließen wir die Stadt und suchten den Pinienwald, die Marina di Ravenna. Der Sand glühte.

Wir badeten. Mühsam schien es uns. Man brauchte so lange, um ins Wasser zu kommen und zu schwimmen, wie es zu unserer Vorstellung vom Baden gehörte. Recht bald wussten wir nichts mehr mit dem Meer anzufangen. „Eigentlich könnten wir noch ein Stück fahren.“ Ich war erleichtert. Es ging wieder nach Hause. Solange wir fuhren, erstarb die Frage nach dem Sinn des Ganzen. Wir mussten uns nicht damit beschäftigen, wie wenig wir einander zu sagen hatten. Waren wir in ein Wesen verschmolzen, um der Mutter (und uns) den fehlenden Vater zu ersetzen? Es erging uns wie siamesischen Zwillingen. Wo sie bisher verwachsen waren, sind sie nun unempfindlich, vernarbt. Ich war weder erschüttert noch traurig, sondern ratlos, als mein Bruder kurze Zeit nach unserer zweiten Moped-Expedition nach Genua sich immer weiter von mir zurückzog und kaum mehr mit mir sprach.

Eine dritte gemeinsame Reise gab es nicht. Ich hatte in der letzten Gymnasialklasse einen Freund gefunden, der sich für Dinge interessierte, mit denen sich Ernst kaum beschäftigte: Kunst, Literatur, klassische Musik. Mein neuer Freund wollte Kunstgeschichte studieren; sein großer Bruder, der auch Ernst hieß, arbeitete schon im Geschäft der Eltern. Eine wohlhabende Familie mit einem Wochenendhaus am Staffelsee, in dem wir viele Tage verbrachten, ruderten, segelten und über Kunst, Religion, Frauen redeten.

Ich war viel mit ihm unterwegs, übernachtete auch bei ihm, aber nach wie vor wohnten Ernst und ich zusammen bei unserer Mutter, Wand an Wand im ersten Stock unter den Dachschrägen. Ernst schien seit meinem Abitur und meiner neuen Freundschaft jedes Interesse an mir verloren zu haben. Er reagierte auf keine Einladung, selbst nicht auf die zu meiner Hochzeitsfeier. Als auch er, viel später als ich, heiratete, erfuhr ich davon durch unsere Mutter. Als sie starb, war wieder für kurze Zeit etwas von der alten Vertrautheit da. Wir regelten schnell und kooperativ, was es zu regeln gab. Seit der Zeit hatten wir auch wieder etwas mehr Kontakt. Er hat mich aber nie in das Haus eingeladen, das er nach dem Tod unserer Mutter bezog und in dem er 2019 gestorben ist.

In unserer Geschwistergemeinschaft hatte ich den Außendienst, die Kontakte und Beziehungen zur Mutter, zu Schulkameraden verwaltet. Das machte es mir leichter, neue Freunde zu finden, mit denen mich bald mehr verband als mit ihm.

Sarah Kirchknopf, Psychodramatikerin und Freundin, mit der ich einige Jahre Selbsterfahrungsgruppen geleitet habe, war schockiert, als ich ihr erzählte, wie wenig Kontakt mein älterer Bruder und ich hatten, obwohl wir doch beide in München wohnten. Was wir voneinander wussten, erfuhren wir von unserer Mutter, die jeden ihrer Söhne regelmäßig besuchte. Ich wurde verlegen, als ich ihr Entsetzen bemerkte. Da spielte ich mich als Gruppenleiter auf, Beziehungen zu analysieren und zu gestalten, aber angesichts meines Bruders unternahm ich wenig bis nichts.

Ich konnte zu meiner Verteidigung anführen: Ich habe ihn einige Male eingeladen, er hat nie darauf reagiert. Aber ich wusste, wie schwächlich mein Engagement war, ich habe nie nachgehakt. Nur einmal fragte ich meine Mutter, warum Ernst sich so zurückgezogen habe. Sie erklärte: „Ich habe ihn gefragt. Er sagt, du bist ein Blender." Sie kommentierte das nicht; ich war auf mich selbst angewiesen, mir ein Urteil zu bilden, und verzichtete darauf, sie zu fragen, was sie denn von diesem Urteil halte. Ich denke, sie hatte es zur Kenntnis genommen, hatte weder zugestimmt noch mich verteidigt.

Sarah ist als Einzelkind und Halbwaise aufgewachsen, wie ich im Krieg geboren. Ihr Vater war gefallen, ohne ein zweites Kind zu zeugen. Vielleicht war sie deshalb schockiert, sie hätte sich einen Bruder herzlich gewünscht, um die Ansprüche ihrer schwierigen Mutter auf mehr Schultern zu verteilen. Umso mehr musste sie es bewegen, dass ich nichts unternahm, um meinem

Bruder wieder nahezukommen. Er hat nie mit mir besprochen, warum er sich derart von mir zurückzog.

Lange Zeit war er größer als ich, aber dann wuchs ich weiter, während er blieb, wie er war, am Ende sechs Zentimeter kleiner. Ich war unternehmungslustiger, meldete mich vor ihm an, den Führerschein zu machen, hatte vor ihm die erste Freundin.

Auch wer sich grundsätzlich als der aufmüpfige Jüngste fühlt, wird alt. Ich habe Seniorenrollen als Ehrenvorsitzender oder Ehrenmitglied nie so recht annehmen können. In Gremien (angefangen vom deutschen Parlament) ist es üblich, dass der oder die älteste Abgeordnete die erste Sitzung leitet, in der die Funktionsträger gewählt werden. Als ich Delegierter der bayerischen Psychotherapeutenkammer wurde, war ich auf einmal dieser Älteste und fand es bizarr, wie ich aus Ernsts Rolle die Blender und Wichtigtuer zu sehen glaubte, die nach oben drängen.

Im Freundeskreis meiner Frau, die sechs Jahre jünger ist als ich, gelte wiederum ich als komisch, weil mein Bruder und ich während des Studiums bei unserer Mutter wohnten und von Feldafing nach München pendelten. Wir zogen aus, als wir heirateten – ich mit 25 eine fünf Jahre ältere Frau, mein Bruder mit 35 eine zehn Jahre ältere Frau. Meine erste Ehe hielt knapp sieben Jahre; ihn hat seine Frau Erika um zwei Jahre überlebt. In der Generation meiner Frau wurde es „normal", dass man zum Studieren in eine ferne Stadt zog. Unsere Mutter hingegen glaubte, für ihre Söhne zu sorgen, wenn sie sich selbst in der Nachkriegszeit in Universitätsnähe ansiedelte.

Ernst hatte das, was manche Menschen einen schönen Tod nennen: Gestern noch subjektiv gesund, am nächsten Tag nicht mehr erwacht. Seit ich über 80 Jahre alt bin, mischt sich Neid in die Betroffenheit über Todesnachrichten. Die Toten haben etwas hinter sich, das mir mit jedem gewonnenen Jahr näher rückt. Als er starb, griff sein Leben doch nach mir, in Gestalt des Hauses in Feldafing, das meine Mutter hatte bauen lassen, in das wir 1956 eingezogen waren und das er nach ihrem Tod seit 1987 bewohnte.

Meine älteste Tochter war noch von meiner Mutter als Nacherbin eingesetzt worden; Ernst hatte keine Kinder. Das Schlafzimmer meiner Mutter war jetzt sein Arbeitszimmer. Küche und Wohnzimmer waren geblieben; in seinem früheren Zimmer im ersten Stock stand das Ehebett, er schlief (und starb) im früheren Gästezimmer. Der Dachboden war in eine riesige Bastelwerkstatt und Rumpelkammer verwandelt; im Keller eine Sauna eingebaut, in der früheren Waschküche Vorräte und die Utensilien der Bienenzucht untergebracht. Ernst hatte sämtliche oberirdischen Pilze im Landkreis Starnberg kartiert; in dicken Wälzern fand ich Notizen in seiner Handschrift.

Zu seinem 70. Geburtstag war ich nach Feldafing gefahren und hatte an der Tür geklingelt; ich brachte ein Buch mit, *Die Kentaurin*, in dem ich das Leben unserer Mutter in Form von Fantasien einer Sterbenden über antike Mythen und Gestalten nacherzählt hatte. Es war ein Uhr Mittag, er ließ sich Zeit, die Tür zu öffnen, ich gratulierte ihm, er sagte, er habe noch geschlafen, er feiere den Tag nicht, Erika (seine Frau) liege noch im Bett.

Zuletzt gesehen habe ich ihn an meinem 70. Geburtstag – zum ersten Mal hatte er eine Einladung angenommen –, er kam mit Erika und brachte als Geschenk ein Glas mit dem Honig seiner Bienen mit. Die beiden gingen früh, manchmal hatte Ernst Erika zurechtgewiesen, ihre beginnende Demenz war ihm peinlich.

Ein Jahr vor seinem Tod rief mich eine Cousine an, von Beruf Krankenschwester, die in die USA ausgewandert ist und mit allen Verwandten in Deutschland regelmäßig telefoniert. Ernst sei herzkrank, von Erika habe sie nichts Sinnvolles erfahren, ob ich etwas herausfinden könne?

Ich schrieb ihm eine Mail und bot an, ihm einen Urlaub und eine Kurzpflege für Erika zu finanzieren, damit er sich erholen könne. Ich wusste, dass die Pflege eines dementen Angehörigen zu den körperlich und seelisch am meisten belastenden Aufgaben gehört, die es gibt, ganz besonders, wenn ein alterndes Paar sich unter Druck fühlt, den Schein von Normalität aufrechtzuerhalten.

Ernst antwortete: *Lieber Wolfgang, danke für Deine fürsorgliche Mail. Das Herz ist zwar eine Schwachstelle meines Körpers, aber ich bin jetzt nicht im Krankenhaus, sondern stark eingespannt: Garten, Haushalt, Bienen und Gymnastik. Leider habe ich anfallartiges Vorhofflimmern, aber Gott sei Dank kein permanentes.*

Auf die Überlastung durch die Pflege seiner dementen Frau ging er mit keinem Wort ein. Ich riet ihm zu einem Herzschrittmacher und erzählte von einem Freund, der seither keine Beschwerden mehr habe. Er reagierte nicht, gratulierte mir dann aber 2019 noch in seiner letzten Mail:

> *Hallo, alles Gute zu Deinem Geburtstag. Ich hoffe, Du bist noch gesund und kannst den leidenden Patienten weiterhin beistehen. Mir geht es ganz gut, ich bin froh, jetzt schon drei Jahre keine Brille mehr zu brauchen. Ich freue mich darüber jeden Tag bei meiner morgendlichen Gymnastik im Wald bei Seewies. Ja, die kuriosen Menschen, die wohl lieber im Mittelalter gelebt hätten, haben meine Erinnerung wachgerufen an die Triftsperre. Himbeeren pflücken, in der Ilz ein Zehnerl Papiergeld gefunden, die Flächen voller Muscheln. Und dann eine Limo im Gasthaus, ich glaube, die Jutta war auch dabei, die durfte nur Wasser trinken. Liebe Grüße, Ernst*

Die Triftsperre liegt oberhalb der Ilzmündung bei Passau; sie trägt ihren Namen aus der Zeit, in der die aus dem Bayerwald auf der Ilz herabgeschwemmten Baumstämme gesammelt und zur Weiterfahrt donauabwärts zu Flößen verbunden wurden. Heute ist die mehrfach umgebaute Flößerkneipe ein Ausflugslokal mit Übernachtungsmöglichkeiten. Dort waren im Mai 2019 drei Tote gefunden worden – zwei Frauen und ein Mann – mit Schusswunden durch Armbrustpfeile. Die Spur führte zu zwei weiteren Toten in Niedersachsen, die sich vergiftetet hatten; die Rekonstruktion des Geschehens zentrierte sich um einen „Mittelalterladen", den ein Dreiundfünfzigjähriger führte, der mehrere Frauen um sich scharte und wohl Selbstmord predigte, um in einer besseren (mittelalterlichen?) Welt wiedergeboren zu werden. Eine der Frauen hatte erst ihn und die andere Frau erschossen, dann sich selbst.

An das Papierzehnerl im Wasser erinnere ich mich gut; ich habe es getrocknet und mir damit ein Eis gekauft. Es datiert unseren Ausflug zur Triftsperre in das Jahr 1948. Nach der Währungsreform gab es anfangs so wenig Hartgeld, dass die briefmarkengroßen, blaugemusterten Zehnerl im Umlauf waren. Für eines davon bekam man zwei Semmeln. Die Jutta war unsere zuckerkranke Cousine, daher Wasser, keine Limonade – das war Ernst aufgefallen, mir nicht.

Wie es meine Art geworden ist, habe ich mich an Worten festgehalten, als mein großer Bruder starb. Ich habe eine Rede geschrieben zu seiner Beerdigung im Grab unserer Mutter in Feldafing.

Die Kindheit von Ernst ist vom Krieg geprägt. Kurz nachdem er auf die Welt kam, brach der Zweite Weltkrieg aus. Unser Vater war damals 25 Jahre alt, hatte eben seinen Dienst als Gerichts-

assessor angetreten und wurde sofort eingezogen. Seit 1941 musste Ernst, der Erstgeborene, die mütterliche Aufmerksamkeit mit einem jüngeren Bruder – mir – teilen. Der Vater fiel 1944 in der Ukraine. Wir waren in München ausgebombt worden und führten bis 1950 ein unstetes Wanderleben in provisorischen Quartieren bei den mütterlichen und väterlichen Großeltern.

Ein Kind erlebt solche Belastungen nicht bewusst, aber doch indirekt über die Bedrückung, welche der Wahnwitz des Krieges auf die Familien, vor allem auf die verlassenen Mütter, ausübt. Ich habe bei Ernst immer gedacht, wie gut der Name passt. Er war ernsthaft, vernünftig, zurückhaltend, ein Grübler und Zweifler. Schon früh wurde auch deutlich, dass seine Begabungen in Richtung Mathematik und Naturwissenschaft gingen.

Durch den Verlust des Vaters, der als Erster in einer langen Reihe bäuerlicher Ahnen studiert hatte, prägten die Familien der Großeltern unsere Kindheit. Das war ein extremer sozialer Kontrast: Im Sommer auf einem Einödhof in Deindorf mit Plumpsklo und Brunnen im Hof bei den bäuerlichen Eltern des Vaters, im Winter in Passau in der Wohnung eines pensionierten Richters, der murrend sein Arbeitszimmer für die Betten der Enkel räumte. Im Sommer städtische Außenseiter unter den Dorfbuben und Gegenstand derber Scherze, die man heute als Mobbing beschreiben würde; im Winter bäuerliche Außenseiter unter dem Passauer Bildungsbürgertum und später den Gymnasiasten.

Ernst war diesen Wechselbädern länger ausgesetzt als ich, denn als er ins Gymnasium kam, konnte auch unsere Mutter nicht mehr wie bisher den beengten Wohnverhältnissen in Passau durch lange Sommeraufenthalte auf dem kleinen Bauernhof unserer Großeltern entgehen, wo wir Kinder mehr Auslauf hatten und das Essen reichlicher war. 1949 kam Ernst in das humanistische

Gymnasium Passau, seither verbrachten wir nur noch die Schulferien in Deindorf.

Wir haben unser nomadisches Leben beide ganz gut gemeistert, mithilfe unserer Mutter, die heute vielleicht als intellektuelle Hochbegabte Karriere machen würde. Sie hatte die Lehrinnenbildungsanstalt mit der Bestnote absolviert, wollte dann studieren und holte das humanistische Abitur nach, indem sie in einem Jahr Latein und Griechisch lernte und ein beeindruckendes Abiturzeugnis mit lauter Einsen vorweisen konnte. Dann kamen die Nazis an die Macht, Frauen sollten nicht mehr studieren, unsere Mutter blieb Volksschullehrerin und heiratete, als Ernst unterwegs war. Sie war umfassend gebildet, kannte sich in Astronomie und Botanik ebenso aus wie in den alten Sprachen, las Homer im Original.

Selbst eher schüchtern und zurückgezogen, hat unsere Mutter uns intellektuell nach Kräften gefördert. Sozial mussten wir mehr oder weniger allein zurechtkommen. Wir haben den fehlenden Vater so gut es gehen wollte verschmerzt, haben später dafür gesorgt, dass ein Telefon und ein Fernseher angeschafft wurden. Wir besiedelten unterschiedliche ökologische Nischen: Mein Bruder die Naturwissenschaft, ich die Geisteswissenschaft. Das begann früh – mein Bruder war es, der die Mutter schockierte, als er auf dem Küchentisch eine Schuhcremedose mit Schießpulver von geknackten Patronen füllte und in Brand steckte. Diese Munition lag bis 1946 in großen Mengen in Straßengräben und war unser bevorzugtes Spielzeug.

Einmal brachte Ernst von einem Abfallhaufen ein Kabel mit zwei verschiedenen Enden mit. Das eine hatte zwei Auswüchse und passte in eine Steckdose; an der anderen Seite lugten zwei Drähte aus einer Stoffhülle. Es war Abend, Ernst versprach, mir etwas ganz Besonderes zu zeigen. Wir setzten uns auf den Boden; er drückte das eine Ende des Kabels in die nächste Steckdose, griff vorsichtig nach dem anderen Ende, wo goldene Kupferenden aus einer roten und blauen Hülle ragten. Er näherte sie vorsichtig einander.

Ein Funke sprang über, es krachte und in der Wohnung gingen die Lichter aus. Oft durften wir das nicht spielen, aber ich bewunderte Ernst sehr, als er mich mit diesem Wunderding vertraut machte. Ein anderes physikalisches Experiment lieferten die großen Blasen Sumpfgas, die sich im Eis der Inn-Altwässer im Winter sammelten und – mit einem Stock perforiert und mit einer von mir gehaltenen Kerze entzündet – prächtige Feuersäulen ergaben. Weniger harmlos waren die Experimente mit Brenngläsern und trockenem Laub im Frühjahr; einmal konnten Ernst und ich nur mit Mühe einen beginnenden Waldbrand austreten, ich sah uns schon als Brandstifter verhaftet.

Ich erinnere mich an die langen Sommer mit Ernst, als wir am Inn spielten, Schlammburgen bauten, am Ende auch gemeinsam durch den reißenden Fluss schwammen. Die Mutter improvisierte aus in den Sand gesteckten Hölzchen eine Sonnenuhr und markierte den Schattenpunkt, an dem wir zu Hause sein sollten.

Sie ließ uns die Freiheit, eigene Erfahrungen zu sammeln. Ernst wuchs selbstverständlich in die Rolle des technischen Sachverständigen in unserem Haushalt hinein. Er konnte alle Elektrogeräte reparieren und baute zu meiner größten Bewunderung aus Röhren, Widerständen und Kondensatoren funktionierende Radios.

1956 veränderte sich unser beengtes Leben in Passau. Unsere Mutter baute für unser Dreierteam ein Haus in Feldafing – es ist das Haus, in dem Ernst und Erika seit dem Tod unserer Mutter im Jahr 1988 lebten. Von dort brachen wir – Ernst achtzehnjährig,

ich sechzehnjährig – noch zu zwei großen Fahrten mit Moped und Zelt auf. Ziele waren 1957 Ravenna und 1958 Genua.
Vielleicht weil wir als Kinder so unzertrennlich gewesen waren, lebten wir nach dem Abitur in getrennten Welten und hatten sehr unterschiedliche Freundeskreise, die sich kaum je berührten. Wenn es etwas gemeinsam zu regeln gab, erwachte aber die alte Nähe schnell und wir arbeiteten gut zusammen, zuletzt anlässlich von Krankheit und Tod unserer Mutter. Wir haben ein gemeinsames Erbe an Haltungen aus unserer Kindheit – Sparsamkeit, Liebe zur Natur, Abneigung gegen Pathos und Geschwätz. Und wir hatten beide das Glück und die Energie, in Berufe zu finden, die uns Freude machten.
Ernst hat im Dienst der Universität, genauer: des physiologischen Instituts immer kompliziertere Apparate gebaut und repariert; er kaufte in New York einen der ersten Computer, als diese Geräte noch Mikroprozessoren hießen. Seit er in dem Feldafinger Haus lebte, hat er Fäden wieder geknüpft, die abgerissen waren, wie die Leidenschaft unserer Mutter für Pflanzen, Pilze und Bienen. Eine andere, vormals gemeinsame Leidenschaft war das Schlittschuhlaufen; hier hat Ernst auch noch im fortgeschrittenen Alter Eistanz geübt und Freunde gefunden.
Im Mai 2018 hörte ich zum ersten Mal von Ernsts Herzproblemen. Ich war besorgt, bot ihm an, eine Kurzzeitpflege für seine Frau zu finanzieren, damit er auch einmal Urlaub machen könne. Er wollte das nicht, er fühlte sich wohl zu sehr in der Pflicht. Zuletzt hörte ich von ihm anlässlich meines Geburtstags im Mai. Ernst wurde 80 Jahre und acht Monate alt. Er ist ganz plötzlich, über Nacht, gestorben, wohl an einem Herzstillstand. Am 14. November 2019 haben wir von seinem Tod erfahren. Seine schon seit Längerem demenzkranke Frau hat Ernsts Tod wohl anfangs

nicht realisiert. Dann informierte sie Nachbarn, die sie auf der Straße traf, dass mit Ernst etwas nicht in Ordnung sei. Sie fanden den Toten im Schlafzimmer, verständigten die Polizei und kümmerten sich um die verwirrte Witwe, deren Gesundheitszustand es verbietet, dass sie heute hier teilnehmen kann.

Als ich die Grabrede schrieb, begegnete ich wieder einmal den gegensätzlichen Welten, in denen unsere Eltern aufgewachsen waren und die sich auch in unserer eigenen Kindheit spiegelten. In der Familie meiner Mutter wurden Bücher gelesen und über deren Autoren diskutiert. In der Familie meines Vaters herrschte der bäuerliche Handlungsdialog: Man tat, was getan werden musste, schimpfte, wenn etwas davon abwich. Die Passauer Oma litt stumm unter ihrem durch ein Kriegstrauma zwanghaft und jähzornig gewordenen Ehemann, dem Direktor am Passauer Landgericht; die Deindorfer Oma schimpfte über die animalische Barbarei ihres Mannes, eines Stallknechts und Fuhrmanns, der durch Fleiß und Ausdauer einen kleinen Hof erworben hatte, wenn er beim Mähen in den Wetzkumpf brunzte.[4] Mir war der Deindorfer Opa lieb, ich bewunderte seine Macht über das Kuhgespann.

Meine Mutter konnte kaum Erfahrungen mit Ehekonflikten sammeln. Sie hatte 1938 geheiratet, als Ernst unterwegs war. Unser Vater wurde mit Kriegsbeginn eingezogen, er gehörte zur ersten Generation, welche die von Hitler wieder eingeführte Wehrpflicht in ihren Dienst gezwungen hatte, war schon ausgebildet und konnte sofort eingesetzt werden. Einmal erzählte sie,

4 Der Wetzkumpf ist ein wasserdichtes Behältnis, früher meist aus einem Rinderhorn gefertigt, in dem der Wetzstein zum Schärfen der Sense feucht gehalten wird. Brunzen bedeutet im niederbayerischen Dialekt urinieren.

wie sie über einen Film in Streit gerieten und sie sich über Edi – so nannte sie den Vater – ärgerte, weil er nicht redete.

Der Vater meiner Mutter war ein Bücherwurm; mit Edi ging sie bergsteigen. Er fand sie ohne Brille schöner als mit den Augengläsern, auf die sie, stark kurzsichtig, angewiesen war. Dieses Detail hat sie manchmal erwähnt; es erklärt auch, warum sie auf manchen Fotos keine Brille trägt und in das Objektiv mehr blinzelt als blickt.

Ich glaube, sie hat ihn geliebt, aber nicht sonderlich gut verstanden, „wir hätten sicher Konflikte gehabt, wenn er aus dem Krieg wiedergekommen wäre“, sagte sie einmal. Beide Eltern haben ihren Erstgeborenen geliebt und bewundert. Umso tiefer muss der Schmerz für Ernst gewesen sein, als die Geburt des Bruders und der Verlust des Vaters über ihn hereinbrachen und von zwei Eltern kaum eine halbe Mutter übrig blieb.

Es ist traurig, dass ich nie mit meinem Vater sprechen konnte. Aber es hat mir wohl die Kränkung erspart, keine Antworten zu bekommen, die mir diesen Krieg begreiflich machen könnten. Niederlagen machen stumm, Siege gesprächig.

Meine Mutter erzählte ungern von Hitlers Herrschaft. Sie fand den Führer primitiv, ungebildet, seine Manieren schlecht, sie hatte ihn einmal in München essen sehen. Sie war nicht in der Partei wie ihr Vater und ihr Ehemann, aber sie übernahm die BdM-Führung, als sie noch Lehrerin war, damit es keine Tausendprozentige machte. Die Juden? Die Konzentrationslager? – „Wer nicht dabei war, der kann sich keine Vorstellung machen!“

Nun, beim Kampf um Troja waren wir auch nicht dabei gewesen, aber hier liebte es meine Mutter, uns Vorstellungen zu schenken, von Achill, Hektor, Priamos und Kassandra zu erzählen, von Apoll, der die Pestpfeile in das Lager der Achäer schießt, und dem listenreichen Odysseus, der den Trick mit dem hölzernen Pferd erdachte.

Was ihre Gefühle anging, war meine Mutter kaum weniger verschlossen, als ich mir meinen Vater vorstelle. Ernst hat diese Verschlossenheit übernommen. Mit seinen technischen Basteleien schien er unbewusst die Aufmerksamkeit unseres Vaters zu suchen, der dafür sicher mehr übriggehabt hätte als unsere Mutter, auf die ich mit meinem mehr oder weniger fantasievollen Geplapper Eindruck zu machen suchte.

Mit zwanzig Jahren schrieb ich Gedichte und bald auch Texte für ein Magazin, nach dem Psychologiestudium kamen Bücher dazu, ich hielt Vorträge, leitete Selbsterfahrungen, gründete mit anderen zwei psychoanalytische Institute, behandelte Patienten. Ernst studierte lange und baute als Doktorand einen Kryostaten, ein Gerät, das konstant tiefe Temperaturen einhält und so ermöglicht, die Supraleitung von elektrischem Strom zu untersuchen.

Er war immer sehr schüchtern und hatte das Glück, dass ein Physiologie-Dozent an der Universität München seine Begabung entdeckte und ihn einstellte, um die technischen Geräte und bald auch die Mikroprozessoren (später: Computer) zu entwickeln und zu warten, die für die Forschung benötigt werden. Diese Stelle hat Ernst dann bis zur Pensionierung halten können.

Meine erste Ehe hielt fünf, meine zweite sieben Jahre; erst dann fand ich die Frau, mit der ich jetzt bald fünfzig Jahre zusammen bin. Ernst fand Erika spät und blieb mit ihr zusammen, bis er starb. Sie war Sprechstundenhilfe in der Praxis ihres Bruders gewesen, zehn Jahre älter als Ernst, der sie mit 35 heiratete. Ich denke, dass die beiden vor allem der Sport – Eistanz – verband. Ernst hat mir nie etwas von ihr erzählt und sie – so schien es mir manchmal – vor mir versteckt.

Ein einziges Mal hat Erika mich angerufen: Ernst habe eine Freundin, die es auf seine Beamtenpension abgesehen habe, ob ich ihn nicht zur Vernunft bringen könne? Ich lehnte den Auftrag ab und hörte nie wieder etwas von ihr. Die beiden blieben zusammen. Als unsere Mutter starb und ich viel mit Ernst regeln musste, hat mich Erika nicht auf das Telefonat angesprochen, und ich sie auch nicht.

Ernst und Erika hatten damals einen Hund, den man nicht streicheln durfte. Ernst hatte sich seiner erbarmt, er war ein Versuchstier im physiologischen Institut gewesen und hatte das Vertrauen in Tiere und Menschen verloren. Irgendwie passt er zu den beiden, dachte ich. Eine Therapie hätte Ernst gutgetan. Aber weil sein kleiner Blender-Bruder Therapeut geworden war, hatte sich das wohl erledigt. Die Chance war vertan.

3. Die animalische und die narzisstische Dimension

Von Erinnerungen getragene Beziehungen zu Eltern und Geschwistern sind im Reich des Lebens die große Ausnahme. Löwenzahn und Ahorn überlassen ihre Embryos dem Wind und der Erde, die meisten Fische ihre befruchteten Eier dem Meer, Insekten und Schildkröten dem schützenden Sand. Kleine Fische sind für große Fische Beute, das kann auch die eigenen Nachkommen treffen.

Menschliche Mütter lernen Mütterlichkeit vor Ort, zusammen mit ihrem ersten Kind.[5] Vorbereitet werden sie durch eine Identifizierung mit der eigenen Mutter und durch die Beobachtung anderer Mütter. Das komplexe Sozialverhalten höherer, in Gruppen lebender Tiere wird nicht in einzelnen Schritten erlernt. An ihre Stelle treten ganzheitliche Prozesse, in denen wir kom-

5 Versuche an Rhesusaffen zeigen, dass auch andere Primaten Mütterlichkeit nur „können“, wenn sie von Artgenossen betreut wurden und nicht isoliert aufgewachsen sind. Siehe Harry und Margaret Kuenne Harlow: Social Deprivation in Monkeys. In: Scientific American. November 1962, S. 136–147. Ebendie: Das Erlernen der Liebe. In: Helmut Bonn und Kurt Rohsmanith (Hrsg.): Eltern-Kind-Beziehung. Darmstadt (Wissenschaftliche Buchgesellschaft) 1977, S. 179–204.

plette Muster wahrnehmen, nachvollziehen, verinnerlichen und beherrschen.

Wahrnehmung ist generell *kein* passiver Prozess, sondern ein aktives, schöpferisches Geschehen, in dem wir Reize entlang unserer Erwartungen und Wünsche interpretieren. Das erlebt jeder, der erst beim zweiten Blick erkennt, dass er einen ungenauen Eindruck um Details ergänzt hat, die ihm das Gewünschte vorgaukeln – der Blick des Sammlers verwandelt ein Blatt auf einem Stein in den begehrten Steinpilz.

Die Identifizierung eignet sich Erlebtes an, indem sie es bald kopiert, bald schöpferisch verwandelt, gelegentlich in sein radikales Gegenteil. Der Sohn des Alkoholikers trägt ein erhöhtes statistisches Risiko, zum Trinker zu werden – aber er kann sich auch entscheiden, abstinent zu leben. Der Sohn des depressiven, beruflich gescheiterten Vaters macht eine steile Karriere als professioneller Triathlet. Energische, zupackende Väter sind nicht selten von ihren schüchternen, introvertierten Söhnen enttäuscht. Manchmal lässt sich die Nähe der defensiven Identifizierung zum Abgewehrten rekonstruieren, wenn z. B. der Triathlet nach einem Riss der Achillessehne Suizidgedanken entwickelt.

Vor dem Spracherwerb identifizieren sich Kinder mit ihren leiblichen Bezugspersonen; sie lernen Bewegungsmuster, Mimik und Gestik. Sie leben in einer Welt der Bilder, die sie im Spracherwerb mehr und mehr verlieren. Die Sprache wiederum verändert die Bilder ebenso wie das Zeiterleben. Sie festigt Erinnerungen, erzwingt ganz grundsätzlich die Entscheidung über richtig und falsch. Bilder sind Bilder sind Bilder. In der Sprache aber gibt es die richtige Aussprache und die falsche, das richtige Wort und das falsche, den richtigen Satz und den falschen.

Kinder beginnen ihre Bezugspersonen mit (Ideal-)Bildern zu vergleichen, die sie in den entwickelten Kulturen reichlich finden. Die Erwachsenen befeinden diese Konkurrenz. Im 18. Jahrhundert wurden Romane verdächtigt, die Jugend zu verderben, heute sind es die Bildfluten der sozialen Medien.

Für die Erstgeborenen spitzt sich der Konflikt zwischen der primären Identifizierung des kleinen Kindes mit den Eltern und ihrer kritischen Revision in der späteren Kindheit auf besondere Weise zu. Auf der einen Seite sind sie meist mehrere Jahre Einzelkinder, auf die sich die ganze Aufmerksamkeit der Eltern richtet. Sie sind der lebendige Beweis, dass ein Paar jene elementare Produktivität entwickelt hat, deren Gelingen meist zu stressreich ist, um gebührend gefeiert zu werden, deren Scheitern aber unerwünscht kinderlose Paare an den Rand der Verzweiflung bringen kann.

Ich hätte nie gedacht, dass ich das kann, einen neuen Menschen zur Welt bringen. Es war ein unglaublicher Triumph, das ist meines, mein Kind, ich habe das geschafft. Beim zweiten Kind hatte ich diese Gefühle nicht, ich habe mir viel mehr Sorgen gemacht, ob ich das schaffe, Mutter zu sein und im Beruf zu bleiben.

Nach unserem ersten Kind hat alles gepasst, Norbert war ein wunderbarer Vater, der Kleine hat von Anfang an gut geschlafen, wenig geschrien, ich war so stolz auf ihn. Aber wir wollten ja zwei Kinder, ich habe mir da auch erst keine Gedanken gemacht, habe wieder halbtags gearbeitet. Als ich schwanger war, fing es an. Ich konnte mir nicht vorstellen, dass ich in meinem Herzen Platz für ein zweites Kind habe, dazu müsste ich ja dem ersten was wegnehmen. Und dann war unsere Tochter viel schwieriger als der Sohn, hat viel geschrien, mein Mann hat nicht verstanden, warum ich so nervös bin, da hat es angefangen mit den Problemen.

So sprechen zwei Mütter, die wegen einer Ehekrise nach dem zweiten Kind Hilfe suchen. Das erste Kind wird als Triumph erlebt, das zweite als Aufgabe; das Gleichgewicht verschiebt sich von der animalischen Freude am Leben zur Angst, sozialen Forderungen nicht zu genügen.

Das erste Kind ist Entwurf, Probe und Premiere in einem. Im Geburtsvorbereitungskurs werden Einzelheiten erklärt, aber es gibt kaum eine Situation, in der sich die Kluft zwischen Theorie und Praxis so dramatisch zeigt wie die erste Geburt. An und mit dem ersten Kind lernen die Eltern ihr Geschäft. Sie sind unerfahren, aber sie sind auch hoch engagiert und neugierig. Die Situation ist singulär, sie entzieht sich dem Bedürfnis nach einem schnellen Urteil, das sich unseren archaischen Emotionen mit ihren Polen Beute/Opfer, Kampf/Flucht aufdrängt. Die meisten Schwellensituationen in der Entwicklung des Lebens sind beides, Gefahr und Chance. Komplexe Systeme bieten mehr Möglichkeiten – und sind anfälliger für Störungen.

Die herausgehobene Rolle der Erstgeborenen beeinflusst bis in die Gegenwart soziale Systeme. Der jüngere Sohn des britischen Königs bezeichnet sich als *spare*, als Ersatzteil, im Gegensatz zum *heir*, dem Erben. In der Bibel wird in der moralischen Unbefangenheit des Mythos erzählt, wie Jakob Esau das Erstgeborenenrecht und den zugehörigen Segen abgeluchst hat. Immer, wenn ich diesen Passus las, dachte ich an Ernst und mich, an mein Bündnis mit der Mutter.

Das Privileg des erstgeborenen Sohnes wurzelt in einer Zeit, in der das Leben kurz und kriegerisch war. Der erste Sohn sollte sich bereithalten, die Familie zu verteidigen, wenn es der Vater nicht mehr konnte. Der „Segen“ des Vaters steht für die Summe der Einflüsse und Ermahnungen, durch die in einer von Besitz und Erbe geprägten Kultur Traditionen überleben. Wenn die Familie stets damit zu rechnen hat, dass ihr Oberhaupt fällt, erspart eine klare Hierarchie unter den Nachkommen zeitraubende Auseinandersetzungen. Das gelingt keineswegs immer, wie historische Bruderzwiste zeigen, aber doch so oft, dass sich die Sitte lange erhalten hat und bis heute im Selbstgefühl erstgeborener Söhne Spuren hinterlässt.

Seit Menschen über ihr konfliktträchtiges Innenleben nachdenken, lesen wir von einem Modell der zwei Stimmen. Faust spricht von zwei Seelen in seiner Brust. Platon von Wagenlenker und Pferden, Kant von Pflicht und Neigung, Freud von Es und Überich. Das Kind lebt anfangs in einer animalischen Welt, in die mit dem Spracherwerb Bewertungen eindringen, welche mehr und mehr nach seinem Selbstgefühl – dem Narzissmus – greifen. Seelische Gesundheit beruht auf der versöhnlichen Stimmung zwischen diesen Welten und den Möglichkeiten, ihre Gegensätze zu gestalten, mit ihnen zu spielen, ihre Unversöhnlichkeit mit Humor zu entschärfen.

Wo das Narzisstische sich gegen die animalische Welt stellt und sie als inneren Schweinehund entwertet, beginnt der manisch-depressive Teufelskreis. Das Werterleben wird kalt und leugnet in grandioser Rechthaberei die animalischen Grenzen. Wenn die überhöhten Erwartungen scheitern, gelingt es nicht, der Niederlage ihre spielerische Seite abzugewinnen, nach dem Motto: Diesmal habe ich verloren, aber ich probiere es wieder.

In der narzisstischen Welt kann ein Wert nicht mit seinem Gegensatz koexistieren. Die Chiffre dieser Thematik ist der Selbstmord. Er ist dem Animalischen fremd. In Europa sind heute Suizide rund zehnmal häufiger als Tötungsdelikte. Das gefährlichste Wesen in weitem Umkreis ist weder das wilde Tier noch der böse Nachbar. Ich bin es selbst.

Die Erstgeborenen erleben den Konflikt zwischen der animalischen und der narzisstischen Welt besonders heftig. Wenn sie das einzige Kind bleiben, konzentrieren sich alle Erwartungen der Eltern auf sie, einschließlich der Pflicht, sich um diese zu kümmern, wenn sie alt werden.

Diese Last wird noch schwerer, wenn die Eltern nach dem ersten Kind romantische Erwartungen so wenig erfüllt sehen, dass sie sich einander entfremden. Nicht mehr durch Liebe verbunden, fordern sie von dem Kind Ersatz; es wird zum umkämpften Bundesgenossen und soll nicht nur die Ansprüche des *anwesenden* Elternteils erfüllen, sondern auch ertragen, dass der *abwesende* entwertet wird, an dem sie doch auch hängen. Zankende Eltern belasten das schwächste Glied der Familie mit dem Amt des Richters und Schlichters.

Erstgeborene wünschen sich ein Geschwister und legen Zucker für den Storch auf ein Fensterbrett. Sie wissen so gut und schlecht wie alle Wünschenden, was sie da möchten: einen Spielkameraden, eine Bündnispartnerin, die sie im Ringen mit den Erwartungen der Eltern unterstützt. Und wie immer ist kaum vorauszusehen, ob die Erwartungen sich erfüllen werden.

In den Erstgeborenen wachsen Kritiker der Eltern heran, Botschafter nach beiden Richtungen: für die Kleineren bei den Eltern, und für die Eltern bei den Kleineren. Diese Rolle wird ihnen zum Teil gegeben, zum Teil genießen sie die damit verbundene Aufmerksamkeit und fügen eigene Geltungsansprüche hinzu. Wenn sie denn schon mitverantwortlich dafür sind, dass es in der Familie ordentlich zugeht, möchten die Erstgeborenen auch ernst genommen werden, wo sie Verbesserungsvorschläge haben. Diese wiederum werden den Eltern unbequem und führen zu charakteristischen Konflikten.

Die vierzehnjährige Erstgeborene nimmt die Haushaltsführung der Mutter unter die Lupe. Sie beschließt, gegen das Chaos in den Küchenschränken vorzugehen, räumt an einem Wochenende gründlich auf, entsorgt abgelaufene Nahrungsmittel und präsentiert ihr überlegenes System. Die Mutter ist gar nicht erfreut. Sie würde jetzt nach Sachen suchen müssen, die sie bisher sofort zur Hand hatte. Außerdem wolle sie ohne die von der Industrie eingeplante Verschwendung beurteilen, ob Lebensmittel noch brauchbar seien oder weggeworfen werden müssten! Die Vierzehnjährige läuft weinend in ihr Zimmer.

Während die Mutter nach einer chirurgischen Operation im Krankenhaus liegt, versorgt die fünfzehnjährige Erstgeborene den Vater und die kleinen Geschwister. Sie kauft ein, kocht, räumt auf. Als die Mutter nach Hause kommt und einen Fehler im Haushalt tadelt, der Vater schweigt und die kleinen Geschwister ihr Spiel nicht unterbrechen, um ihrer Schwester beizustehen, schleicht die große Tochter in das Schlafzimmer der Eltern und schluckt eine Überdosis der Schlaftabletten ihrer Mutter.

Die Eltern sind brave Katholiken. Sie beichten einmal im Jahr und gehen am Sonntag in die Messe. Der Erstgeborene beschließt nach der Firmung, jeden Morgen die Frühmesse zu besuchen. Er will vielleicht Theologie studieren, auf jeden Fall aber um seine Berufung beten. Die Eltern opfern mit verhaltenem Murren eine Stunde ihres Schlafs. Sie fühlen sich in der Pflicht, das fromme Kind zu unterstützen.

Ein literarisches Zeugnis der moralischen Belehrung der Eltern durch den Erstgeborenen ist Franz Kafkas „Brief an den Vater", den der Sohn der Öffentlichkeit zugänglich machte, als der Vater gestorben war. Eindrucksvoll beschreibt Kafka, wie widersprüchlich, plump und inkonsequent ihn der Vater zu erziehen versuchte. Sein Brief ist ein rhetorisch eindrucksvoller Versuch, den Vater über den richtigen Umgang mit einem empfindsamen Kind zu belehren.

Für mich als Kind war aber alles, was Du mir zuriefst, geradezu Himmelsgebot, ich vergaß es nie, es blieb mir das wichtigste Mittel zur Beurteilung der Welt, vor allem zur Beurteilung Deiner selbst, und da versagtest Du vollständig. Da ich als Kind hauptsächlich beim Essen mit Dir beisammen war, war Dein Unterricht zum großen Teil Unterricht im richtigen Benehmen bei Tisch. Was auf den Tisch kam, mußte aufgegessen, über die Güte des Essens durfte nicht gesprochen werden – Du aber fandest das Essen oft ungenießbar; nanntest es „das Fressen" – das „Vieh" (die Köchin) hatte es verdorben. Weil Du entsprechend Deinem kräftigen Hunger und Deiner besonderen Vorliebe alles schnell, heiß und in großen Bissen gegessen hast, mußte sich das Kind beeilen, düstere Stille war bei Tisch, unterbrochen von Ermahnungen: „zuerst iß, dann sprich" oder „schneller, schneller, schneller" oder „siehst Du, ich habe schon längst aufgegessen". Knochen durfte man nicht zerreißen, Du ja. Essig durfte man nicht schlürfen, Du ja. Die Hauptsache war, daß man das Brot gerade schnitt; daß Du das aber mit einem von Sauce triefenden Messer tatest, war gleichgültig. Man mußte achtgeben, daß keine Speisereste auf den Boden fielen, unter Dir lag schließlich am meisten. Bei Tisch durfte man sich nur mit Essen beschäftigen, Du aber putztest und schnittest Dir die Nägel, spitztest Bleistifte, reinigtest mit dem Zahnstocher die Ohren. Bitte, Vater, verstehe mich recht, das wären an sich vollständig unbedeutende Einzelheiten gewesen, niederdrückend wurden sie für mich erst dadurch, daß Du, der für mich so ungeheuer maßgebende Mensch, Dich selbst an die Gebote nicht hieltest, die Du mir auferlegtest. Dadurch wurde die Welt für mich in drei Teile geteilt, in einen, wo ich, der Sklave, lebte, unter Gesetzen, die nur für mich erfunden waren und denen ich überdies, ich wußte nicht warum, niemals völlig entsprechen konnte, dann in eine zweite Welt, die unendlich von meiner entfernt war, in der Du lebtest, beschäftigt mit der Regierung, mit dem Ausgeben der Befehle und mit dem Ärger wegen deren Nichtbefolgung, und schließlich in eine dritte Welt, wo die übrigen Leute glücklich und frei von Befehlen und Gehorchen lebten.[6]

Vor Jahren hat mich der Pädagoge und Psychoanalytiker Helmwart Hierdeis[7] neben anderen gebeten, für einen Sammelband Antworten des Vaters auf Kafkas Brief zu erfinden. Ich habe den Band noch mal aufgeschlagen und in meiner Antwort aus der Rolle des angeklagten Vaters heraus den jüngeren Bruder gefun-

6 Franz Kafka, Brief an den Vater, zit.n. *www.projekt-gutenberg.org/kafka/vater/vater2.html*, abgerufen am 24.7.2023. Franz Kafka schrieb diesen Brief im November 1919 während eines Erholungsaufenthalts, geschwächt durch die Lungentuberkulose, an der er fünf Jahre später starb, verzweifelt über seine ambivalenten Gefühle gegenüber Frauen und auch dem eigenen Platz in der Welt mit ihren Ungereimtheiten in Kunst, Brotberuf und Liebe.

7 „Lieber Franz! Mein lieber Sohn!" Antworten auf Franz Kafkas „Brief an den Vater", Wien (Passagen Verlag) 1996.

den, der sich gegen eine gnadenlose Strenge wehrt, wohl auch eine Verteidigung gegen den Vorwurf, ein Blender zu sein, den auch Franz Kafka in großer Härte gegen seinen Vater richtet. Ich zitiere hier einige Passagen aus meinem Text, in dem ich in der Rolle des Vaters den Mangel an Lebenslust und Lebenszuversicht des Sohnes beklage. Die Fürsorge und Unterstützung, die ich damals dem von seinem Erstgeborenen geschurigelten Vater angedeihen ließ, ist durchaus auch die Rede des jüngeren Bruders an den älteren, doch nicht so streng und humorlos mit den Mängeln der Eltern umzugehen. Damals ließ ich den Vater so sprechen:

> *Ich glaube jetzt, dass Dein Brief doch ein ganz wesentlicher Ausdruck einer Epoche ist, die ich nicht heraufkommen ahnte – wie sollte ich auch? – und nach der sich vielleicht die jetzt Lebenden schon wieder sehnen, so vertraulich und geborgen-altmodisch erscheint sie ihnen, mit ihren gestärkten Krägen und höflichen Umgangsformen, so ohne Geschrei und mit viel Raum auch für die Einwände des Toren. Was es mir am meisten erleichtert hat, Dich zu verstehen und Dir auch zu verzeihen, ist der Einfall, dass Du doch vor allem aus Neid geschrieben hast, dass aber dieser Neid, der sich für Dich in nichts anderem anschaulich machen konnte als in mir, diesem lauten und widerspruchsvollen, lebenslustigen und manchmal auch bösartigen Mann, kein persönlicher Neid ist, sondern einer, der sich auf Sicherheiten richtet, die verloren sind, unersetzlich verloren, womit sich vielleicht meine Enkel (die du mir leider nicht gezeugt hast) abgefunden hätten, womit Du Dich aber nicht hast abfinden können oder wollen. Doch, Du hättest es gewollt, das glaube ich, aber Du hast es nicht gekonnt, weil die Angst zu mächtig in Dir war, und weil Du doch alles ganz alleine entscheiden wolltest, Dich niemandem anvertrauen,*

Dich auf nichts stützen, außer auf das, was Du selbst aus Dir heraus entworfen und auf das Papier gebracht hast. Das mag dann ein Spiegel gewesen sein, der Dir ein wenig Halt gab, aber es kam kein Echo aus ihm, es war ein Kreislauf, der Dich ermüdete, nicht belebte und bereicherte, obwohl andere, die gelesen haben, was Du schriebst, Dich doch so oft als jemanden empfanden, der ihnen etwas gab. Du konntest Dir von Deinen eigenen Gaben nichts nehmen, und Du konntest Dir nicht einmal vorstellen, dass sie jemand anderem etwas bedeuten, sonst hättest Du doch nicht Deinem Freund geboten, Deine Papiere zu vernichten, woran er sich, und die Welt dankt es ihm als die eigentliche Treue zu Dir, glücklicherweise nicht halten mochte. Aber dass es so mit Dir kam, das zeigt doch, wie wenig Du erkanntest, was Du zu geben hattest und was andere gerne von Dir angenommen hätten, und in diesem Punkt, in dem Du von mir, der ich so wenig zu geben hatte, etwas annehmen konntest, hast Du die Hände zur Faust geballt und in die Tasche gesteckt und bist ungesättigt gegangen, dem Hungerkünstler gleich, über den Du schreibst …

Es wäre eine übermenschliche Leistung gewesen für mich in meiner Zeit, was meinem Vater doch so mühelos gelang, mir nämlich mein Zuhause so zu verleiden, dass ich nie und nimmer einen Gedanken an ihn und sein Leben verschwendete, sobald ich selbst ein Mann geworden war und die Frauen nach mir blickten. Du aber hast Dich aus lauter Angst, eine eigene Familie zu haben, an Mutter und mich gehängt, hast das Selbstverständlichste von der Welt, die Liebe zwischen Mann und Frau und die Zeugung von Kindern, zu etwas unendlich Kompliziertem gemacht und Deine Befürchtungen durch unsere Unbekümmertheit gerechtfertigt, so recht ein umgekehrter Baron Münchhausen, der sich am eigenen Schopf nicht aus dem Sumpfe zieht, sondern tiefer hineintunkt …

Was ich dir jemals gesagt und getan habe, ist vorbei, vergangen. Überall gibt es Verzeihung, Erlass von Schulden, die Hohepriester luden sie dem Bock auf, der in die Wüste geschickt wurde, die Christen beichten, die bürgerlichen Richter akzeptieren eine Verjährung. Was sind meine Verbrechen? Beleidigungen Deiner Seele. Mag sein. Ich wusste es nicht anders. Unkenntnis ist keine Entschuldigung. Unmündigkeit dagegen schon, das weißt Du besser als ich, der ich nie Jura studieren konnte. Wann verjähren Beleidigungen? Ich vermute, nach einigen Jahren, sicher doch nicht später als Sachbeschädigung oder Diebstahl. Du bist ein unbarmherziger Verfolger, erinnerst dich an alles und versuchst, Staatsanwalt und Richter in einer Person zu sein. Du wirfst mir vor, dass ich meine Kommis angeschrien und über alle möglichen Leute geschimpft habe, aber nach diesen Gewittern war ich doch auch wieder freundlich, und ich habe in mir keinen so kalten und langdauernden Hass angesammelt wie Du; Du hast wohl auch gesehen, dass ich trotz meiner Launen beliebt war, und hast keine Lehren daraus gezogen. Gerade weil Du meine kleinen Hilfsmöglichkeiten, meine Wut loszuwerden, mit solcher Abscheu verfolgst und entwertest, weißt Du offenbar selbst nicht, wie Du mit den Frauen fertig werden sollst, die Dir Anträge machen. Du willst ganz rein und ganz gut sein, weil Dir bei jeder kleinen Bosheit, die doch auch in Dir steckt, Dein Vatermonster erscheint und Du erkennen könntest, dass Du ihm doch nicht sittlich so turmhoch überlegen bis, wie es Dich dünkt, solange Du Dich von der Realität einer Liebe zwischen Mann und Frau so weit fernhältst, wie es Dir Deine Ängste gebieten.[8]

8 Helmwart Hierdeis (Hsg.): „Lieber Franz! Mein lieber Sohn!" Antworten auf Franz Kafkas „Brief an den Vater", Wien (Passagen Verlag) 1996, S. 163 f.

Boromir und Faramir

John R. R. Tolkien war ein Erstgeborener, sein Bruder zwei Jahre jünger. Während der Erstgeborene Professor in Oxford und ein weltberühmter Autor wurde, lebte sein Bruder Hilary Arthur Reuel Tolkien nach seinem Dienst im Ersten Weltkrieg ein unscheinbares Leben als Farmer in Worcestershire. Er hatte drei Kinder und einen Hund, der Bilbo gerufen wurde, wenn er gehorchte, und Baggins, wenn nicht.[9] In seinem Hauptwerk *Der Herr der Ringe* greift Tolkien das Motiv der zwei Brüder auf.

Im Reich der Erben von Numenor herrscht nach dem Erlöschen der königlichen Linie der Truchsess Denethor. Er hat zwei Söhne, Boromir und Faramir. Die Welt von Mittelerde ist erschüttert, seit der Ring wiedergefunden wurde, in dem die böse Macht Saurons konzentriert ist. Solange der Ring existiert, hat der dunkle Herrscher große Macht; sie würde sich noch steigern, wenn er diesen einen, mächtigsten Ring zurückgewinnen könnte. Wer die Macht des Ringes begehrt, wird selbst böse. So treffen sich Abgesandte aller Mächte der freien Welt in Imladris, um herauszufinden, was mit dem Ring geschehen soll.

Obwohl Faramir, der jüngere Bruder, von dem Treffen träumte und dem Ruf folgen wollte, entzieht ihm Boromir diese Aufgabe. Er ist ein starker Krieger, der mit der Tradition der Truchsesse brechen und selbst König werden will. So reagiert er auch sehr misstrauisch auf Aragorn, der ein älteres, aber fast vergessenes Recht auf den Thron von Gondor hat.

Einer der wenigen, die den Ring besaßen und seiner Macht widerstanden haben, ist Bilbo Baggins, der Hobbit. Er hat die

9 Bilbo Baggins ist der Held in Tolkiens erstem Buch, dem *Hobbit.*

Verantwortung für das Kleinod an seinen Erben Frodo übertragen, der durch viele Gefahren und schwer verwundet Imladris erreicht hat. In dem großen Rat der freien Völker erfährt Boromir von der Gefahr, die von dem Ring ausgeht: Wer ihn hat, will ihn nutzen, vor allem, wenn er den Genuss der Macht kennt. Wenn es ihm gelingt, mithilfe der gespeicherten Macht den dunklen Herrscher vom Thron zu stoßen, wird er den Völkern nicht die Freiheit schenken, sondern sie ebenso grausam unterjochen wie Sauron.

Der Ring kann nicht zerstört werden und alle Verstecke sind unsicher. Solange es ihn gibt, behält Sauron seine Macht. Wenn er vernichtet wird, würde nicht nur auch Sauron vernichtet, sondern alles, was er geschaffen hat. Die einzige Möglichkeit dazu ist, den Ring dorthin zu bringen, wo er geschmiedet wurde, und ihn in die flüssige Lava des Schicksalsberges zu werfen, mitten in dem von Sauron beherrschten Mordor. Einer Streitmacht kann das nicht gelingen, wohl aber einem entschlossenen Hobbit, der es ohnehin gewohnt ist, sich vor lauten und täppischen Menschen zu verbergen.

Boromir lässt sich überzeugen und begleitet den Ringträger als einer der neun Gefährten, geführt von dem Zauberer Gandalf. Als dieser im Kampf fällt, übernimmt Aragorn die Führung. In Boromir erwacht der Wunsch, den Ring zu besitzen. Anfangs belügt er sich noch selbst – er wolle mit seiner Hilfe nur das Reich Gondor verteidigen. Während die Gefährten unentschlossen sind und Frodo die Einsamkeit sucht, um eine Lösung zu finden, überfällt ihn Boromir und will ihm den Ring mit Gewalt wegnehmen.

Frodo entkommt, weil er sich mithilfe des Rings unsichtbar machen kann. Erschüttert von der Macht des Bösen über Boromir beschließt er, allein weiterzuziehen. Boromir fällt im Kampf mit einer Streitmacht des abtrünnigen Zauberers Saruman, der ebenfalls entschlossen ist, den Ring an sich zu bringen.

Im Sterben bereut Boromir sein Handeln und versöhnt sich mit Aragorn. Frodo fällt bei seinem Versuch, den gefährlichen Ring zurück nach Mordor zu bringen, in die Hände einer Truppe, die Boromirs jüngerer Bruder Faramir anführt. Faramir erfährt von Frodos Auftrag und von Boromirs Schicksal. Es zeigt sich, dass er sich schon lange mit dem Wunsch seines Bruders auseinandersetzt, nicht Truchsess des Königs, sondern selbst König zu sein. Er will diesen Machtzuwachs nicht und widersteht der Verführung, Frodo den Ring abzunehmen. Dadurch zieht er den Zorn des Vaters auf sich, der dem erschöpften Faramir sofort ein neues, gefährliches Kommando gibt. Frodo kann der Macht des Bösen lange genug widerstehen und erfüllt seine Aufgabe eher duldend als siegreich. Auch Faramir entkommt knapp dem Tod und findet sein Glück an der Seite von Eowyn, einer Prinzessin, die als Mann verkleidet in der Schlacht den Tod suchte, jetzt aber an seiner Seite den Frieden mit ihm gestalten will.

Die Geschichte von Boromir und Faramir wird vom Erstgeborenen erzählt. Das ist ein winziger Ausschnitt aus dem großen Thema des Verzichts auf Macht, der das ganze Buch durchdringt. Ohne die Abenteuer, die Zauberer, Drachen und magische Ringe den friedlichen, bequemen, freundlichen Hobbits abringen, gäbe es keine Geschichte, die berichtenswert wäre. Gleichzeitig aber ist die große, interessante Welt außerhalb des Auenlandes stets in Gefahr, dem Bösen zu verfallen. Faramir und Eowyn, die nach ihren heroischen Taten ein Reich gründen wollen, in dem es um das Wohlbefinden aller Geschöpfe geht, kehren gewissermaßen in das Auenland zurück, das Frodo und seine Gefährten verlassen haben. Faramir ist glücklicher als Frodo, der am Ende den Ring begehrte und allein durch seine frühere Gutherzigkeit gegenüber dem seelisch gebrochenen Ringträger Gollum die Bedingung schuf, ihn letztlich doch zu vernichten.

Tolkien konnte die Geschichte der Brüder frei erzählen, denn er selbst hat sich in Aragorn, Arathorns Sohn abgebildet, einem Erstgeborenen aus dem Geschlecht von Beren und Luthien, das seinen Ursprung auf die erste Verbindung einer Elbin mit einem Menschen zurückführt und dem geweissagt ist, dass es nie erlöschen wird. Auch Aragorn heiratet eine Elbin, die für ihn ihre Unsterblichkeit opfert. Der Dichter ließ auf seinen Grabstein neben Edith Mary Tolkien und John Ronald Reuel Tolkien die Namen Luthien und Beren schreiben.

Tolkiens Werk bestätigt einen Satz von Robert Frost: *Poetry is what gets lost in translation.* Bei Tolkien geht es weniger um die Übersetzung von einer Sprache in eine andere als um die vom Wort ins Bild. Einzelheiten, die für das Verständnis unerlässlich sind, treten in der preisgekrönten Verfilmung gegen Schwertkampf und Schlachtgetümmel zurück. Monströse Ungeheuer, dem Buch nur ein paar Sätze wert, füllen viele Filmminuten, während die so entscheidende Begabung der Hobbits, am Rande des Abgrundes an eine Mahlzeit zu denken und Gespräche über Pflanzen zu führen, kein Bild wert ist.

Die mediale Verarbeitung konzentriert sich auf den großen Krieger, der seiner Gier nach Ruhm und Macht nicht widerstehen kann. Faramir bleibt im Schatten. Die Liebe zu Eowyn von Rohan, im Buch sorgfältig erzählt, taucht im Film nicht auf. Wunden zu schlagen und Siege zu erringen, das glänzt in der narzisstischen Welt. Wer aber heilt die Wunden und sorgt dafür, dass Mensch, Tier und Pflanze zusammen gedeihen?

Tolkiens Kunst liegt darin, Perfektionismus und Narzissmus mit Humor und genau beobachteten Details zu mildern. Besonders gut gelingt ihm das in der Befreiung des Auenlandes von der ekelhaften Bürokratie und Technokratie, die der aller Würde beraubte Saruman dort installiert hat. Auch diese Passagen haben in der digitalen Transformation keinen Platz gefunden.

Die Bürde des Erstgeborenen

IF –
If you can keep your head when all about you
Are losing theirs and blaming it on you;
If you can trust yourself when all men doubt you,
But make allowance for their doubting too:
If you can wait and not be tired by waiting,
Or being lied about, don't deal in lies,
Or being hated don't give way to hating,
And yet don't look too good, nor talk too wise;
If you can dream – and not make dreams your master;
If you can think – and not make thoughts your aim,
If you can meet with Triumph and Disaster
And treat those two impostors just the same:
If you can bear to hear the truth you've spoken
Twisted by knaves to make a trap for fools,
Or watch the things you gave your life to, broken,
And stoop and build 'em up with worn-out tools;
If you can make one heap of all your winnings
And risk it on one turn of pitch-and-toss,
And lose, and start again at your beginnings

And never breathe a word about your loss:
If you can force your heart and nerve and sinew
To serve your turn long after they are gone,
And so hold on when there is nothing in you
Except the Will which says to them: 'Hold on!'
If you can talk with crowds and keep your virtue,
Or walk with Kings – nor lose the common touch,
If neither foes nor loving friends can hurt you,
If all men count with you, but none too much:
If you can fill the unforgiving minute
With sixty seconds' worth of distance run,
Yours is the Earth and everything that's in it,
And – which is more – you'll be a Man, my son![10]

In der Übersetzung von Lothar Sauer:

Wenn du den Kopf bewahrst, da rings die Massen
längst kopflos sind und geben dir die Schuld,
dir treu sein kannst, wenn alle dich verlassen,
und siehst ihr Zweifeln dennoch mit Geduld;
kannst warten du und langes Warten tragen,
läßt dich mit Lügnern nie auf Lügen ein,
kannst du dem Hasser deinen Hass versagen
und doch dem Unrecht unversöhnlich sein,

Wenn du kannst träumen, doch kein Träumer werden,
nachdenken und gleichwohl kein Grübler sein;

10 Rudyard Kipling. Das Gedicht If wurde 1895 geschrieben und erstmals im Jahr 1910 in der Gedichtsammlung *Rewards and Fairies* veröffentlicht.

wenn dich Triumph und Sturz nicht mehr gefährden,
weil beide du als Schwindler kennst, als Schein;
kannst du die Wahrheit sehn, die du gesprochen,
verdreht zum Köder für den Pöbelhauf,
siehst du als Greis dein Lebenswerk zerbrochen
und baust mit letzter Kraft es wieder auf –

Wenn du auf EINES Loses Wurf kannst wagen
die Summe dessen, was du je gewannst,
es ganz verlieren und nicht darum klagen,
nur wortlos ganz von vorn beginnen kannst;
wenn du, ob Herz und Sehne längst erkaltet,
sie doch zu deinem Dienst zu zwingen weißt
und durchhältst, auch wenn nichts mehr in dir waltet
als nur dein Wille, der „durchhalten!“ heißt –

Kannst du zum Volke ohne Plumpheit sprechen,
und im Verkehr mit Großen bleibst du schlicht;
läßt du dich nicht von Freund noch Feind bestechen,
schätzt du den Menschen, überschätzt ihn nicht;
füllst jede unerbittliche Minute
mit sechzig sinnvollen Sekunden an:
Dein ist die Erde dann mit allem Gute,
und was noch mehr, mein Sohn: Du bist ein Mann![11]

11 Lothar Sauer (1930–2018), Autor, Übersetzer und Fotograf, ist auch ein Erstgeborener; auf seiner Website habe ich einen charakteristischen Vers gefunden: „Ausgebeutet, ausgebootet / eins von beiden wirst du immer / außer du gehörst zu denen, / die es tun – und das wär schlimmer.“

Kiplings Gedicht rühmt den Helden, der als Einziger standhält, wo andere aufgeben, der seinen kühlen Sinn bewahrt, wenn alle anderen ihn verlieren, ohne darüber hochmütig zu werden. Lüge, Hass und Eitelkeit berühren ihn nicht; Erfolg und Misserfolg gelten ihm gleich: *If you can meet with Triumph and Desaster / And treat those two impostors all the same.* Wer das erste Trauma, den jähen Verlust der eigenen Kindheit, verarbeiten musste, der darf Triumph und Scheitern gleichermaßen zu Hochstaplern erklären.

Das große *Wenn* in Kiplings Versen variiert die Verwandlung von Aktivität in Passivität, die Identifizierung mit dem Starken und die Absage an alle Schwäche. Wiederholt taucht das Bild auf, alles verloren zu haben, alles zu riskieren und doch unerschüttert zu bleiben, zu ertragen, dass geringere Geister die eigene Größe beflecken. Weder Freunde noch Feinde können den Helden verletzen, er hält durch.

IF spielt in einer reinen Männerwelt; der Held muss sich überzeugen, nicht im Geringsten unter einem drohenden Verlust von Liebe und Aufmerksamkeit zu leiden. Autonomie und bewiesene Härte entschädigen ihn für den Mangel an Wärme, Zuwendung und Aufmerksamkeit, auf die andere angewiesen sein mögen, er nicht. Am Ende des Gedichts wird die manische Überschätzung deutlich: Dem in Entsagung und Ausdauer geübten Mann, der alles Kindliche überwunden hat, gebührt die Weltherrschaft, die freilich weit weniger bedeutet als die Sicherheit, ein *Mann* zu sein.

Je früher erwachsene Rollenbilder nach uns greifen, desto radikaler, weniger durch Distanz und Humor gemildert beherrschen sie uns. Der Mann, dessen Bedingungen *If* durchdekliniert, ist ein Supermann – und in hohem Maß depressionsgefährdet.

Kipling war der erste Sohn seiner Eltern. Er hat das Thema der Vertreibung aus dem Paradies der Kindheit zweifach durchlitten:

einmal durch die Geburt einer Schwester und zum zweiten Mal durch die Trennung von seinen beiden Müttern, der leiblichen und einer Kinderfrau, als sich seine Eltern entschlossen hatten, den Sechsjährigen nach England auf eine Privatschule zu schicken. Erstgeborenen fehlt der Schutz, den sie den jüngeren Geschwistern bieten. Es gibt in ihrer Welt erst einmal nur sie und die „Mutter" in einem umfassenden Sinn.

In seinen bekanntesten Werken, dem *Dschungelbuch* und *Kim,* erschreibt sich Kipling eine Heldengeschichte. Im *Dschungelbuch* ist er Mowgli, ein Waisenkind, das von Mutter Wolf adoptiert und gegen den ehrlosen Tiger Shir Khan verteidigt wird. Von mächtigen Freunden, dem Panther Baghira, dem Bären Balu und dem Python Kaa unterstützt, lernt Mowgli die Gesetze des Dschungels. Die Wölfe werden von Shir Khan angestiftet, Mowgli aus dem Rudel zu verstoßen. Er kehrt zu den Menschen zurück, tötet den Tiger und muss vor den abergläubischen Dorfbewohnern fliehen, die ihn für einen Dämon halten und Steine nach ihm werfen.

Shir Khan ist ein Symbol für Mowglis Schatten. Der Tiger steht für die dem bewussten Ich nicht zugängliche, archaische Wut gegen die Eltern, die ihn im Stich gelassen haben. Mowgli und Kim finden neue Eltern, bessere als die ersten.

Die jüngeren Geschwister finden in ihrem Erlebnisfeld einen Kameraden, der ihnen vorangeht, hinter den sie sich ducken können, wenn Gefahr droht, einen Platzhalter und Prellbock, der schon dafür gesorgt hat, dass die Erwachsenen einen Raum öffnen, in dem sich Kinder entfalten können. Oft tun sie sich leichter, ihre Gefühle zu zeigen, als die verschlossenen Erstgeborenen. Das liegt auch daran, dass alle Geschwister nach dem oder der Erstgeborenen eine andere Mutter kennenlernen.

Die erste und die zweite Mutter

In der animalischen Tradition tritt die erste Schwangerschaft ein, wenn der Körper erwachsen und somit für die Mutterschaft tauglich ist. Vor den Individualisierungsprozessen der Moderne waren Frauen kurz nach ihrer ersten Periode in der Regel schwanger; ihr bewusstes Erleben reifte *mit* dem Kind, nicht *vor* dem Kind. Die kulturelle Entwicklung hat diese Einheit aufgelöst.

Eine Amerikanerin, die in Marokko lebt, fragt ihre vierzigjährige Haushaltshilfe, warum diese so strahlend in die Arbeit komme. Die Antwort: Sie habe zum ersten Mal ihre Monatsblutung! Sie war im Alter von dreizehn Jahren verheiratet worden und noch vor ihrer ersten Periode schwanger. Seither hatte sie entweder gestillt oder ein Kind ausgetragen – bis jetzt.

Moderne Frauen denken viele Jahre über eine Schwangerschaft nach, überlegen, ob sie wirklich ein Kind wollen oder doch lieber nicht, verarbeiten oder verdrängen mit mehr oder weniger Erfolg die mit diesen Eventualitäten verknüpften Ängste. Teenager-Schwangerschaften, in schriftlosen Kulturen die Regel, sind eine dramatische Ausnahme. Aus den bösen Blicken, die in diesen Fällen die junge Mutter ebenso treffen wie ihre Angehörigen, lässt sich rekonstruieren, wie wenig die Zivilisation jene lange Epoche respektiert, in der Menschen noch so lebten, als seien sie ein Teil der animalischen Welt und nicht ihr Tyrann.

Heute gelten Weiblichkeit und Männlichkeit als soziale Konstruktionen, in denen sich die biologischen Unentrinnbarkeiten ihren Raum suchen wie Kräuter in den Pflasterfugen. Wir leben länger und müssen viel von dem abwägend entscheiden, was uns früher zustieß. In der therapeutischen Praxis werden die Zumutungen deutlich, wenn Situationen und mögliche Ausgänge durchdacht werden sollen. Wenn das Baby da ist, macht es den Eltern klar, was zu tun ist. Es gibt Niederlagen und Erfolgserlebnisse. Wenn in einem modernen Paar eine *mögliche* Schwangerschaft thematisiert wird, geht es um Beweise. Wie sollen wir sonst sicher sein, dass wir der Aufgabe gewachsen sind?

Reales Gelingen, reales Scheitern setzen einen Punkt und stellen das Ich vor konkrete Aufgaben. Imaginiertes Scheitern stellt das Ich vor unlösbare Aufgaben. Die Individualisierung hat die Geschlechter ermächtigt, ihr Schicksal selbst in die Hand zu nehmen. Frauen und Männer werden trainiert, erst einmal ihr Ich im Berufsleben zu finden. Falls diese Suche erfolgreich ist, sollen sie die während dieser Phase zurückgestellte Hingabe an ein irrationales Geschehen freudig zulassen. Sie sollen sich verlieben, aber im Rausch der wechselseitigen Überschätzung bitte auch ein belastbares Gegenüber finden. Sonst wird es nicht gelingen, den Wechsel von der Freizeitliebe in den Familienalltag zu verkraften, ohne den Humor und die Erotik zu verlieren.

In Deutschland waren im Jahr 2020 Frauen bei der Geburt ihres ersten Kindes im Durchschnitt 30,2 Jahre alt. Das Alter der Erstgebärenden ist in den vergangenen zehn Jahren in Europa durchgehend gestiegen. An der Spitze liegt Italien mit im Schnitt 31,4 Jahren Alter der Mutter bei der Geburt ihres ersten Kindes, gefolgt von Spanien mit 31,2 Jahren und Luxemburg mit 31,0 Jahren. Am jüngsten sind Erstgebärende 2020 in Bulgarien (26,4 Jahre).

Körperlich sind Achtzehnjährige besser gerüstet, die physischen Aufgaben einer Schwangerschaft zu bewältigen. Gegen Teenager-Mütter wird heute gesagt, sie seien seelisch nicht reif genug. Seelische Reife ist eine kulturelle Kategorie, die sich am durchschnittlich zu erwartenden Verhalten orientiert.

Solange beide Geschlechter von der Hand in den Mund leben, nehmen junge Frauen und Männer ihr Schicksal selbst in die Hand. So haben Menschen Jahrhunderttausende gelebt und sich über den Planeten ausgebreitet, ohne ihm nennenswert zu schaden. Generationenkonflikte und Klagen über Leichtsinn oder Sittenverfall der Jugend sind, evolutionär gesehen, junge Errungenschaften der Zivilisation. Nicht weil früher die Jugend braver war, sondern weil alle gleich leichtsinnig sein durften; für den Ernst sorgte Mutter Natur.

Dann kam der Sündenfall. Das Eigentum an Grund und Boden wurde entdeckt. Besitz fordert Erben und raubt Freiheit. Jetzt entstanden Verbote, welche die Besitzenden vor den Folgen spontaner erotischer Aktivität schützten. Dieser Prozess hat dem weiblichen Geschlecht schon lange vor allen Gender-Konstruktionen ein Maß von Normen aufgebürdet, die den Schritt zum Besitz von Vieh, Weidegründen und Äckern in die Erotik übertrugen. Frauen und Kinder wurden zur Beute von Kriegern, ihrerseits keine freien Jäger mehr, sondern Sklaven des Eigentums.

In der individualisierten Gesellschaft hat sich die Dominanz einer obsoleten Kriegerkaste erledigt. Im Prinzip verhandeln dort Partner auf Augenhöhe, wie sie leben, Haus- und Kinderarbeit organisieren wollen. Es ist möglich geworden, gemeinsam über die Verluste nachzudenken, die unseren Fortschritt begleiten. Liebende können dem Unrecht, das Besitz, Patriarchat und Kapital in die Welt gebracht haben, Freiräume abringen.

Vor einem durch Hygiene und ärztliche Kunst kontrollierten Leben waren Eltern angehalten, Leidensbereitschaft und Schicksalsergebenheit zu bewahren. Kinder wurden geliebt und umsorgt, so gut es ging. Da aber viele von ihnen früh starben, hatte es Vorteile, sich weder allzu intensiv zu binden noch zu versäumen, möglichst viele zu bekommen.

In den modernen Gesellschaften sind intensive Erwartungen an Kinder selbstverständlich geworden. Das beginnt bei den heftigen Ängsten, sie zu verlieren. Es gibt Selbsthilfegruppen für verwaiste Eltern, ein Konzept, das nicht individualisierte Gesellschaften befremden würde, aber in Europa die Symmetrie der Erwartungen präzisiert. Während in traditionellen Kulturen das Leben der Eltern nach dem Verlust eines Kindes eher stabil bleibt, fühlen sich moderne Eltern aus der Bahn geworfen.

Kinder in Europa werden von Müttern und Vätern versorgt, die angespannt beobachten, ob das Kind „normal" auf ihre Bemühungen reagiert und ihnen so die Sicherheit gibt, ihm nichts schuldig zu bleiben. Mit den Erstgeborenen entsteht die Familie. Bisher haben die Eltern einen Plan gezeichnet; jetzt leben sie auf der Baustelle.

Was da bebaut wird, ist nicht freies Land. Um das Haus für die Familie zu schaffen, müssen Gebäude abgerissen werden, in denen die Eltern den jeweils eigenen Lebensentwurf unterbrachten.

Die Erstgeborenen geraten in einen depressiven Sog, wenn hoch gespannte Erwartungen an den Glückszustand von Eltern nach der Geburt des Kindes zusammenbrechen. Sie fühlen sich schuldig. Nicht selten wird ihnen in konfliktträchtigen Partnerschaften gesagt: „Wenn du nicht wärst, hätte ich mich längst getrennt." Nicht weniger tragisch sind die Fälle, in denen Mütter die Erstgeborenen zu Totengräbern ihrer Größenvorstellungen machen. „Als ich dich bekam, hatte meine Karriere als Schauspielerin gerade begonnen. Was hätte aus mir werden können!" Oder: „Deinetwegen habe ich das Studium aufgegeben!"

Melancholie (Babyblues) ist ein häufiger Gast im Wochenbett. Sie wurzelt in der beschriebenen, zweizeitigen Identitätsfindung moderner Mütter. Erst einmal konzentrieren sich beide Geschlechter in gleichem Ausmaß darauf, sich beruflich zu qualifizieren und wirtschaftlich selbstständig zu werden. Dann wird die Frau schwanger. Die Biologie macht einen Strich durch die kulturelle Rechnung, selbst bei besten Vorsätzen sich *gemeinsam* um das Kind zu kümmern. Malen wir uns einen sportlichen Wettkampf vom Typ der Tour de France aus, der ein Jahr dauert und in dem einige Konkurrentinnen auf anfangs aussichtsreichen Plätzen schwanger werden. Werden sie ihren Männern sagen: Ihr fahrt jetzt bitte in unserem Tempo? Und würden die Männer dieser Bitte Folge leisten?

Die Erstgeborenen erleben Eltern, die unsicher sind, bald glücklich, bald verzagt. Manche stellen sich darauf ein, sind stille, brave Kinder, die sich bemühen, der ängstlichen Mutter keine Schwierigkeiten zu machen. Andere schreien umso lauter nach einer sicheren, starken Mutter, je weniger sie diese finden können. Die Väter sind gerade in Kleinfamilien sehr wichtig, in denen es keine präsenten Frauen neben der Mutter gibt, keine Schwester, Tante, Oma. Sie sollen Halt geben und das labile Selbstgefühl der Mutter festigen. Aber sie bringen eigene, unbewusste Konflikte mit.

Wenn seine Partnerin schwanger wird, weckt das die ödipale Erotik des Partners, das frühe Begehren ebenso wie dessen Abwehr. Bewusst erlebt wird oft allein die Abwehr. Wo dieses Thema nicht verarbeitet wurde, zieht sich ein bisher sexuell aktiver Partner von seiner schwangeren Frau zurück.

Diese erklärt sich zunächst das Desinteresse ihres Partners mit Respekt vor ihrem Zustand. Aber auch nach der Entbindung funktionieren die vertrauten erotischen Rituale nicht mehr. Der erotische Einbruch nach einer Schwangerschaft kann so heftig sein, dass die Eltern nicht mehr in ihre frühere Nähe finden.

Der Therapeut begegnet Einzelkindern, die lange Zeit keine andere Familiengeschichte erzählen können als die voneinander entwertenden Eltern. In einem Fall fand die Tochter nach dem Tod der Mutter Fotoalben aus der Zeit *vor* ihrer Geburt. Sie sah zu ihrer Verblüffung ein zärtliches, strahlendes Paar vor den Kulissen der Urlaubsorte, in denen sie später ganz andere Auftritte ihrer Eltern erlebt hatte.

Konflikte zwischen kindlichen und elterlichen Erwartungen sind besonders heftig, wenn ein zweites Kind kommt. Für Eltern ist die zweite Geburt sozusagen im Repertoire, für Erstgeborene wird sie zur absoluten Premiere. Das zweite Baby trifft sie wie ein Felssturz. Die Eltern ahnen, was auf sie zukommt; die Erstgeborenen haben keine Ahnung. Sie sind erschüttert, ihr bisheriges Leben liegt in Stücken vor ihnen, sie müssen es wieder zusammensetzen.

In den Familienmythologien finden sich Fragmente von rührender Fürsorge wie von mörderischer Feindseligkeit. Eine große Schwester will die Kleine gar nicht mehr loslassen, schleppt sie überall hin, will sie in die Schule mitnehmen; ein großer Bruder wird dabei ertappt, wie er versucht, das Baby in den Backofen zu stecken, wie die Hexe den Hänsel.

Die unzertrennlich in Liebe verbundenen Geschwister sind in Mythologie und Realität ebenso möglich wie die in mörderischem Neid verstrickten: Kastor und Pollux[12] gegenüber Kain

12 Zwillingsbrüder, Söhne von Leda und Zeus, einander so liebevoll zugetan, dass Kastor nach dem Tod von Pollux diesen in die Unterwelt begleiten wollte.

und Abel. Die griechische Mythologie ist in dem Bild der unzertrennlichen Verbündeten der biologischen Tradition näher als die Bibel. Es ist leichter, sich zu vertragen, solange es wenig zu verteilen und nichts zu erben gibt. Die Sehnsucht nach diesem Zustand lässt sich in moralischen Ermahnungen nachweisen, in denen ein geschwisterlicher Geist beschworen wird.

Diesem in einer kapitalistischen Gesellschaft obsoleten Mythos bin ich häufig als Berater in christlichen, vor allem evangelischen Organisationen begegnet. Dort ziehen sich Konflikte oft quälend in die Länge, weil sie weder durch ein Votum der Mehrheit noch durch eine klare Aussage der übergeordneten Dienststelle geklärt werden, da beides das Ideal der Harmonie unter Geschwistern im Glauben gefährdet.

Kaum weniger riskant als das Ideal der geschwisterlichen Harmonie ist der Glaube, es sei möglich, Liebe gerecht zu verteilen. Mir ist von Treffen berichtet worden, in denen ausnahmslos alle Geschwister die Überzeugung äußerten, jeweils die am wenigsten mit elterlicher Liebe versorgte Person gewesen zu sein. Das Lieblingskind sind immer die anderen. Eine solche Debatte schreit danach, ironisch gebrochen zu werden; das ist aber offensichtlich schwieriger, als es scheint.

Wer nahe bei den Eltern lebt und sich im Alter um sie kümmert, erwartet oft, durch einen größeren Anteil am Erbe entschädigt zu werden; geschieht das nicht, ist es schwierig, diese Erwartung loszulassen; geschieht es doch, sind die Belohnten nicht vor dem Zorn der Geschwister sicher, die sich formale Gerechtigkeit erwartet haben und nun ihren Pflichtteil einklagen.

Ein konstruktiver Umgang mit Konflikten läuft darauf hinaus, entweder zu streiten und notfalls vor Gericht zu ziehen, oder sich auf einen Kompromiss zu einigen, das Kriegsbeil zu begraben und die Sache gut sein zu lassen. Erbauseinandersetzungen unter Geschwistern sind nicht selten dadurch charakterisiert, dass weder das eine noch das andere geschieht. Die Geschwister fühlen sich an einen Familienfrieden gebunden, der zur Mumie geworden ist, sie fechten den Konflikt weder aus, noch können sie ihn vergessen.

Eine Analysandin:

> *Eigentlich hatte ich eine schöne Kindheit, bis der Vater meiner Mutter starb. Sie bekam Geld, der Bruder erbte das Haus; sie fand, das Geld sei viel zu wenig. Sie hat sich immer beklagt, aber sie wollte nicht gegen den Bruder prozessieren. Mein Vater war Jurist, er ist darüber fast verrückt geworden, er hat immer geschrien, geht doch endlich vor Gericht, oder lass es gut sein! Sie hat sich dann nicht verstanden gefühlt und geweint. Einmal hat sie mir erzählt, sie hätte viel lieber einen Mann gehabt, wie es ihr Bruder war, der hatte Medizin studiert und sei viel verständnisvoller gewesen als mein Vater. Und durch diese Erbgeschichte hat sie beide verloren, der Bruder hat sie betrogen, der Vater ausgeschimpft, sie habe nur noch mich. Was sollte ich dazu sagen? Ich bin weggezogen, ich habe es einfach nicht ausgehalten.*

Unser Urgroßvater mütterlicherseits war ein erfolgreicher Geschäftsmann, der mit einem Sägewerk und Holzhandel in Oberfranken viel Geld verdient und dieses in Grundbesitz angelegt hatte. Er starb 1898; seine erheblich jüngere Ehefrau, die Mutter von sechs Geschwistern, überlebte ihn um fünfzig Jahre.

Die Kinder hatten fast alle studiert oder Akademiker geheiratet; meine Großmutter, die Erstgeborene, „nur" einen Beamten, den Vater meiner Mutter, der in Passau Landgerichtsdirektor und Richter wurde. Als die Urgroßmutter 1948 starb, vererbte sie die rund hundert Hektar Waldbesitz zu annähernd gleichen Teilen an alle sechs Kinder. Aber der älteste Sohn war damit nicht einverstanden. Er focht das Testament an. Der Erblasser sei vor der Gültigkeit des Bürgerlichen Gesetzbuches verstorben, die 1900 begann. Das Erbe müsse nach dem Bamberger Landrecht verteilt werden, wonach der Grundbesitz nicht aufgeteilt wird, sondern dem erstgeborenen Sohn zusteht.

Mein Großvater war nie gut auf die Kronacher Verwandtschaft zu sprechen, die sich als erfolgreiche Kaufleute in die Brust warfen und den Beamten spüren ließen, dass er nicht zu ihnen gehörte. Statt die Mitgift seiner Frau in Haus und Grund zu investieren, hatte er 1907 russische Eisenbahnobligationen gekauft, die den höchsten Zins abwarfen. Als die Bolschewiki 1917 die Macht übernahmen, waren seine Papiere wertlos; Spott und Schadenfreude waren ihm sicher.

Die Anfechtung des Testaments hat ihn unglaublich wütend gemacht; ich habe die Erbitterung noch gespürt, die immer dann aufkam, wenn es um den betreffenden Onkel ging, den ich – anders als die übrigen Großonkel- und Tanten – nie kennenlernte. Vielleicht in der Erinnerung an diesen Geschwisterstreit hat unsere Mutter ein sehr klares Testament geschrieben und den Satz hinzugefügt: „Wenn es Schwierigkeiten gibt, streitet euch nicht, sondern schimpft auf mich!“ Wir haben uns weder gestritten noch geschimpft, sondern uns in allem schnell geeinigt, auch nach dem bewährten Prinzip, dass nicht wählt, wer teilt.

4. Die Verfügung über die Aggression

Aggression ist das Salz in der Suppe des Lebens. Wer sie nicht beherrschen kann und seiner Wut freien Lauf lässt, bekommt nicht nur in zivilisierten Ländern Probleme – dort aber ungewöhnlich viele. Wer aber gar nicht über sie verfügt, wer voller Sanftmut immer alles richtig macht, keine eigene Bosheit kennt und sich vor der seiner Mitmenschen fürchtet, wird nicht glücklich, sondern depressiv.

Analytische Therapie soll einen differenzierteren Umgang mit Aggressionen ermöglichen, manchmal auch erst einmal helfen, zu erkennen, wie diese in psychosomatischen Leiden, alltäglichem Ungeschick und dem Empfinden verschlüsselt ist, mitmenschliche Nähe sei generell gefährlich. Erfahrungsgemäß haben es Erstgeborene besonders schwer, Aggressionen zu erleben und etwas mit ihnen anzufangen.

Das zweite Kind wird geboren. In einem noch labilen Zustand meines Selbstgefühls gerate ich als Erstgeborener in die Nähe eines Wesens, das auf jeden Fall schwächer und schutzbedürftiger ist als ich. Mir wird aufgezwungen, mich zurückzunehmen, meine Aggression zu hemmen. Das führt zu ebenso fantasievollen wie missverstandenen Manövern Erstgeborener nach der Geburt eines zweiten Kindes.

Als meine Mutter geboren worden war, legte die jetzt große Schwester Maria an einem regnerischen Tag das Vorschneidemesser aus der Küche hinaus auf den Balkon. Nach dem Sinn dieser Maßnahme befragt, sagte die Vierjährige: „Wenn das Messer nass ist, wird es rosten. Und wenn es rostig ist, schneide ich damit das Bobbele (fränkisch für Baby). Dann kriegt das Bobbele Blutvergiftung und stirbt!"

Man kann das Detail mit der Blutvergiftung (ich erinnere mich an Warnungen vor Wunden durch rostige Nägel) als Intelligenzbeweis oder als Heimtücke lesen. Mein Großvater, damals Amtsrichter in Unterfranken, verurteilte seine Älteste streng und bekämpfte ihren Weg zur Giftmörderin mit Schlägen. Ich fand das schon beim ersten Hören der Geschichte nicht angemessen, denn eine Mörderin verrät sich doch nicht offenherzig.

Heute verstehe ich die Inszenierung: Die kleine Maria ahnte das Verhängnis über ihrem Plan und nahm es in Kauf, um sich vor den eigenen Aggressionen zu schützen und zugleich für sie zu bestrafen. Maria wurde Lehrerin wie meine Mutter. Sie heiratete einen Kollegen, einen überzeugten Nationalsozialisten. Nach 1945 erkrankte sie an einer Psychose, die Ehe wurde geschieden.

Maria wurde in einer Nervenklinik behandelt und kehrte mit einem Schuss Fanatismus zu ihrem katholischen Glauben zurück. So habe ich sie kennengelernt, eine pflichtbewusste, immer ein wenig schwarzsehende Person. Sie erkrankte im Jahr ihrer Pensionierung an einem Autoimmunleiden und starb bald danach.

Ich habe bereits beschrieben, dass sich an den Erstgeborenen die Folgen der kulturellen Evolution und damit auch der normierte

Umgang mit Aggressionen besonders ausprägen. Solche Aussagen gelten nicht in allen Fällen, sie greifen nach typischen Bedingungen, die jederzeit durch andere Faktoren aufgehoben werden können. Wenn beispielsweise die Mutter eines Kindes gesund und belastbar ist, wird sich dessen Verfügung über seine Aggressionen ganz unabhängig von seinem Ort in einer Geschwisterreihe ungestörter entwickeln als bei Kindern, die mit einer kranken, überforderten Mutter zusammenleben.

Tiermütter haben den menschlichen voraus, dass sie sich keine Sorgen machen und daher auch keine Mühe geben, einem geliebten Kind zu ersparen, wovon sie sich selbst als Kinder belastet fühlten. Denn diese Mühe erreicht meist nicht ihr Ziel, sie hindert vielmehr das Kind, seine eigenen Erfahrungen zu machen. In Analysen lässt sich das oft beobachten. Die Mutter hat darunter gelitten, dass die Großmutter kalt und distanziert mit ihr umgegangen ist. Die Tochter klagt nun darüber, es sei schwer auszuhalten, wie ihre Mutter ständig ihre Nähe suche, ihr Reizwäsche schenke, mit ihr über erotische Themen sprechen wolle und gekränkt sei, wenn sie sich dem entziehe.

An der Szene des kleinen Mädchens, das die eben geborene Schwester mithilfe eines rostigen Messers vergiften will, lassen sich unterschiedliche Möglichkeiten der Verarbeitung von Aggressionen in einer Familie zeigen. Der Vater nahm Marias Aktion ernst und sah in ihr Zeichen eines schlechten Charakters, dem er durch seine Strafe entgegenwirken wollte. Die Mutter hingegen begegnete der Szene mit Gelassenheit und Humor, sonst wäre sie nicht in der Familie überliefert worden. Leider merken sich Kinder eher die gefährlichere, die strengere Haltung der Eltern.

Die Entwicklung der menschlichen Persönlichkeit lässt sich nicht auf einzelne traumatische Ereignisse reduzieren. Aber wenn ich Maria und meine Mutter vergleiche, fällt mir doch auf, wie viel humorvoller und letztlich positiver meine Mutter eingestellt war. Maria glich dem Großvater, der überall Gefahr und Schlechtigkeit witterte. Unsere Mutter hingegen fauchte ihren Vater einmal regelrecht an, als er angesichts eines Anfalls von Keuchhusten bei seinem Enkel sorgenvoll in den Raum hinein sagte: „Aus dem Jungen wird nichts, aus dem wird nichts!" Sie schrie: „Mir hast du die Kindheit verdorben, lass meinen Sohn in Ruhe!"

Die Verteufelung der kindlichen Aggression schafft diese nicht aus der Psyche; sie lähmt nur die Freude an dieser Lebensäußerung und behindert die Möglichkeiten, entsprechende Wünsche zu empfinden, sie sich einzugestehen und nach Möglichkeiten zu suchen, sie für die eigene Entwicklung zu nutzen. Wer seine Aggressionen nur sündhaft und böse findet, lebt nicht in einer friedlichen Welt, im Gegenteil. Seine Mitmenschen meiden längst nicht so sorgfältig wie er alles, was auch nur den Verdacht wecken könnte, andere von der Bühne drängen zu wollen.

Ich erinnere mich an eine hochbegabte Frau, die nach zwei mit Auszeichnung absolvierten Promotionen an der Aufgabe gescheitert war, den für eine Dozentenstelle notwendigen öffentlichen Vortrag zu halten. Sie suchte Hilfe, weil sie wiederholt in letzter Minute abgesagt und so aussichtsreiche Bewerbungen verpasst hatte.

Sie war ein Einzelkind, die erotische Nähe der Eltern war während der Schwangerschaft im Zusammenhang mit der Untreue des Vaters zerbrochen. Das Paar arrangierte sich. Die Mutter plante die Scheidung, bereitete heimlich alles vor und verließ am 18. Geburtstag der Patientin ihren Mann. Die Patientin beschrieb sich als stilles, braves Kind, das der Mutter nie Probleme machte, in der Schule nur die besten Noten bekam und sich gegenwärtig den Kontaktwünschen beider Eltern mit Ausreden über ihre beruflichen Pflichten entzog.

Sie besuchte wiederholt Probevorlesungen anderer Bewerberinnen, auch um sich ein Bild davon zu machen, wie diese ihre Aufgabe meisterten. Sie verstand ihre Ängste besser, als sie erkannte, mit welch gnadenloser Kritik sie diese Auftritte verfolgte. Es sei ihr ein Rätsel, woher die Vortragenden die Frechheit nähmen, sich so banal und oberflächlich dem Publikum zu präsentieren. Sie fühlte sich in der Angst, ihre Forschungsergebnisse vorzustellen, wie ein Lamm, das den Wölfen vorgeworfen wird. Aber wenn sie im Publikum saß, wurde sie selbst zum Wolf. Hörerinnen, wie sie eine war, mussten jeden mutlos machen, der sich der eigenen Perfektion nicht absolut sicher ist.

Während jüngere Geschwister den Erstgeborenen als Sparringspartner nutzen können, prägt diesen oft ein Bedürfnis nach Gerechtigkeit, das sich dogmatisch verselbständigt. Michael Kohlhaas, dessen zu Rachsucht und Selbstzerstörung gesteigertes Rechtsgefühl Heinrich von Kleist beschrieben hat, steht für diese Dynamik.

Die genauere Untersuchung des Gerechtigkeitsempfindens der Erstgeborenen führt zu Ängsten, die Eltern zu zerstören. Während die Erstgeborenen überzeugt sind, dass sie Belastungen ertragen können und Zumutungen zum Leben gehören, sprechen sie nicht selten ihren Eltern diese Fähigkeit ab und unterstellen ihnen hohe Verletzlichkeit und irrationale Reaktionen.

Ein Beispiel ist die Überzeugung einer erstgeborenen Patientin, ihre Eltern wären *am Boden zerstört*, wenn sie erfahren würden, dass sie psychotherapeutische Hilfe suche. Sie hatte Theologie studiert, litt an Depressionen und entwickelte sich in einer Gruppentherapie so gut, dass sie nach anderthalb Jahren ihren Eltern von ihrer Behandlung erzählte. Zu ihrer Verwunderung reagierten diese nicht schockiert nach dem Muster: Wenn unser Kind eine Therapie braucht, sind wir schlechte Eltern gewesen. Sie waren neugierig. Die Mutter erzählte, sie habe während des Studiums an einer Gruppenselbsterfahrung teilgenommen, was die Tochter bisher nicht wusste.

Die Aggression der Erstgeborenen bewacht, was als richtig gelten soll. Sie ist daher ausgesprochen nachtragend. Diese Haltung prägt auch die Geschichte der Psychoanalyse. Freud war ein Erstgeborener. Wer ihn nicht respektierte, den trafen Zorn und unversöhnliche Verachtung. Alfred Adler und Wilhelm Stekel, zwei seiner begabtesten Schüler, wollte er nicht wiedersehen, nachdem sie sich kritisch gegen ihn gewandt hatten. Nicht der Zorn über die Respektlosigkeit fällt hier auf, sondern die Unversöhnlichkeit.

„Für einen Judenbuben aus einem Wiener Vorort ist ein Tod in Aberdeen, Schottland, eine unerhörte Karriere und ein Beweis, wie weit er es gebracht hat. Wirklich hat ihn die Mitwelt für das Verdienst, der Analyse widersprochen zu haben, reichlich entlohnt." So kommentierte Freud 26 Jahre nach dem Bruch mit Alfred Adler die Nachricht von dessen Tod in einem Brief an Arnold Zweig.

Adler war am 28. Mai 1937 im Alter von 67 Jahren auf dem Weg von seinem Hotel zu einem Vortrag an der Universität nach einem Herzinfarkt zusammengebrochen.

Freud geht mit „seiner" Analyse nicht so um, wie das die Ideale der Wahrheitssuche und Weltverbesserung nahelegen. Er erlebt den Konflikt wie der Fürst den gebrochenen Schwur eines Vasallen, der eigentlich sein Lehen zurückgeben müsste, stattdessen aber versucht, ein eigenes Reich zu gründen.

Wilhelm Stekel, wie Adler ein Zweitgeborener, hatte sich 1901 wegen Potenzstörungen von Freud behandeln lassen und war nach wenigen Sitzungen von dem zwölf Jahre Älteren so begeistert, dass er zum Propagandisten der Psychoanalyse in Wien wurde. „Ich war Freuds Apostel und Freud war mein Christus", schrieb er in einer postum herausgegebenen Autobiografie.

Seit sich interessierte Ärzte wie Alfred Adler, Rudolf Reitler und Max Kahane zu Gesprächen über Psychoanalyse in Freuds Wohnung trafen, wurde Stekel eines der aktivsten Mitglieder dieser *Mittwochsgesellschaft,* aus der sich später die Wiener Psychoanalytische Vereinigung entwickelte.

Stekel floh wie Freud vor der NS-Herrschaft in Österreich nach London. Er versuchte dort angesichts des gemeinsamen, leidvollen Schicksals den abgerissenen Kontakt neu zu knüpfen. Freud weigerte sich, ihn zu treffen, denn Stekel hatte sich in Freuds Konflikt mit Adler als Vermittler versucht, war von Freud aber als Verräter bekämpft worden.

Besonders deutlich spiegelt das Ende von Freuds Beziehung zu C. G. Jung die unterschiedlichen Wert-Welten von Erst- und Zweitgeborenen. Ich greife hier auf die Beschreibung in einer *Geschichte der Psychotherapie*[13] zurück. Noch 1911 hatte Freud (gegenüber Binswanger) geäußert: „Wenn das Reich, das ich gründete, verwaist, kann kein anderer als Jung das ganze Erbe antreten."

Die Auseinandersetzung begann, als Freud versuchte, Jung auf einen Schreibfehler hinzuweisen und diesen zu deuten. Jung protestierte vehement und beschuldigte Freud, alle anderen zu deuten, selbst aber nicht aus seiner Neurose herauszukommen, während er, Jung, sich einer Lehranalyse unterzogen habe. Jung bot nun als Freundschaftsdienst an, Freud künftig auf dessen Miss-

13 Wolfgang Schmidbauer: Die Geschichte der Psychotherapie. Von der Magie zur Wissenschaft, München (Herbig) 2012, S. 309 f. Dort sind die Quellen zitiert.

griffe und Fehlleistungen aufmerksam zu machen. Freud grollte, wer immer schreie, er sei normal, sich aber pathologisch verhalte, sei wohl gar psychotisch; er schlage deshalb vor, die persönliche Beziehung ganz aufzugeben. So geschah es dann auch.

In der Folge hat sich C. G. Jung immer wieder mit Freud beschäftigt. In seinem groß angelegten Werk über Psychologische Typen versuchte er, die Unversöhnlichkeit zwischen Alfred Adler und Sigmund Freud als Beispiele für Intro- und Extraversionen zu fassen. Freud blieb kompromisslos. 1914 schreibt er in *Die Geschichte der psychoanalytischen Bewegung:*

> *Es lag mir also daran, diese Autorität auf einen jüngeren Mann zu übertragen, der nach meinem Ausscheiden wie selbstverständlich mein Ersatz werden sollte. Dies konnte nur C. G. Jung sein, denn Bleuler war mein Altersgenosse, für Jung sprachen aber seine hervorragende Begabung, die Beiträge zur Analyse, die er bereits geleistet hatte, seine unabhängige Stellung und der Eindruck von sicherer Energie, den sein Wesen machte. Er schien überdies bereit, in freundschaftliche Beziehungen zu mir zu treten und mir zuliebe Rassenvorurteile aufzugeben, die er sich bis dahin gestattet hatte. Ich ahnte damals nicht, daß diese Wahl trotz aller aufgezählten Vorzüge eine sehr unglückliche war, daß sie eine Person getroffen hatte, welche, unfähig, die Autorität eines anderen zu ertragen, noch weniger geeignet war, selbst eine Autorität zu bilden, und deren Energie in der rücksichtslosen Verfolgung der eigenen Interessen aufging. (ebd., 84f)*

Freuds Freundschaftsbegriff war gänzlich anders als der von Jung; einen Freund anders als in milder Ironie oder in intellektuellem Urteil anzugehen, lag ihm fern. Jung hingegen hatte Freud sehr bewundert und wollte ihn nun in dem angebotenen Freundschaftsdienst auf eine Weise perfektionieren, in der viel Entwertung und Aggression verborgen war.

Auf dem vierten internationalen Kongress der Psychoanalytiker 1913 in München trat Jung das letzte Mal zusammen mit Freud auf. Er hielt einen Vortrag, in dem er seine später ausführlich dargestellte Lehre der Psychologischen Typen auf die Gegensätze innerhalb der Psychoanalyse anwendete und darauf hinwies, wie sehr Unterschiede in der persönlichen Einstellung psychologische Theorien beeinflussen können. Freud, der auf empirischen Tatsachen bestehe und den Lustgewinn aus der Außenwelt betone, verkörpere eine extravertierte, Adler hingegen, der die inneren Ziele betone, eine introvertierte Haltung. Jung forderte eine ausgewogene analytische Psychologie, welche beiden seelischen Typen gleiche Aufmerksamkeit schenke.

Das Angebot des älteren Bruders ist Teilhabe an der Macht, Nachfolge in der Macht – *zu den Bedingungen des Erstgeborenen.* Solange der Zweitgeborene die Freundschaft und Aufmerksamkeit des Erstgeborenen bewundert und genießt, erkennt dieser nicht, dass er die ganze Zeit auch kritisch beobachtet wird, um eine Gelegenheit zu finden, ihn zu überholen und ihm seine Privilegien zu nehmen.

Der Zweitgeborene misst den Erstgeborenen an Idealen, die über den Geschwistern residieren, wie er diesen von Anfang an bald als Schutz gegen die Eltern mobilisiert, bald bei diesen denunziert hat. Die Rebellen behaupteten, der Freiheit der Forschung und der Wahrheitssuche zu dienen. Jung sagte unter anderem, Freud habe ihm schon viel früher (1905) gestanden, dass er lieber die Wahrheit als seine Autorität opfere.

5. Die Ängste der Erstgeborenen

Die Erstgeborenen können der Mutter auf einer unbewussten Ebene nicht verzeihen, dass sie das zweite Kind geboren hat und womöglich mehr liebt. Hier bewahrheitet sich das Gesetz, dass die Person, die meinen Halt in Liebesbindungen am meisten gefährdet, ich selbst bin. Die Mutter verdient Strafe. Wenn ich ein solches Urteil über die mächtigste Person der Welt fälle, bin ich selbst in großer Gefahr. Sie wird Gleiches mit Gleichem vergelten. Liebe ist gefährlich.

Häufig begegnet der Therapeut Erstgeborenen, die sich aufopfernd um jüngere Geschwister gekümmert haben, aber selbst kinderlos bleiben. Ein literarisches Beispiel dafür ist Concetta, die älteste Tochter des Fürsten und Astronomen Fabrizio Salina in dem Roman *Il Gattopardo* des italienischen Autors Giuseppe Tomaso di Lampedusa. Sie hat sich mit Salinas charmantem und temperamentvollem Neffen Tancredi verlobt. Tancredi aber zieht ihr Angelina vor, die schöne Tochter eines reichen Emporkömmlings, der mithilfe seiner mafiösen Verbindungen und einer reichen Mitgift Tancredis politische Karriere fördern wird.

Concetta heiratet nicht und geht in ihrer Frömmigkeit auf. Sie sammelt Reliquien; in der letzten Szene prüft ein Abgesandter des Vatikan mit wissenschaftlichen Mitteln die Echtheit ihrer Reliquien. Die meisten erweisen sich als wertlos. Die als Reste von Märtyrern etikettierten Gebeine sind Tierknochen.

Freud hat die Neigung der Erstgeborenen, nur zu einer einzigen Liebe fähig zu sein, mit dem Gedicht *Der Asra* von Heinrich Heine verknüpft. Darin geht es um einen Sklaven, der die Tochter des Sultans verehrt. Er wird von Tag zu Tag bleicher und nähert sich sichtlich dem Tod. Nach seinem Leiden befragt, gibt er sich als Angehöriger des Stammes der Asra im Jemen zu erkennen, *welche sterben, wenn sie lieben.*

Darin steckt das Motiv der Liebeskrankheit, die nur durch Erfüllung der Liebe geheilt werden kann. Von dem berühmten Arzt Avicenna wird erzählt, dass er am Hof des Sultans einen dem Tode nahen Liebeskranken heilte, indem er dessen Puls fühlte und alle Jungfrauen des Hofes am Krankenbett vorbeidefilieren ließ. Bei einer schlug das Herz des Kranken schneller; die Vermählung mit ihr heilte ihn.

Soweit wir wissen, hat Sigmund Freud nur eine Frau geliebt und mit ihr zusammen eine lange Verlobungszeit durchgestanden, anders als C. G. Jung, der immer wieder Geliebte hatte. Das sind Beobachtungen, die keine Vorhersagen erlauben. Aber wir finden immer wieder bekräftigt, dass Erstgeborene sich schwerer tun als Zweitgeborene, nach einer Liebesenttäuschung eine neue Beziehung zu beginnen.

Das beruht darauf, dass sie die erste Enttäuschung in der symbiotischen Beziehung zur Mutter zu einem Zeitpunkt getroffen hat, in der sie sozusagen alle seelischen Kräfte sammeln mussten, um diesen Verlust zu verarbeiten. Eine Wiederholung dieses Verlustes verknüpfen sie mit einer tödlichen Gefahr. Sicherer ist es dann, sich gar nicht mehr oder aber in etwas zu verlieben, das absolut sicher ist und einen niemals verlassen wird.

Von Freud gibt es Äußerungen in einem Brief an Fließ[14], dass sein Werk diese Stelle ausfüllt. Heinrich Heine hat es ähnlich, aber weit ironischer gesagt: Er werde selbstverständlich alles tun, um seine Frau glücklich zu machen – wenn sie aber seine Verse nicht lobe, lasse er sich scheiden.[15]

Die Eltern befürchten bei der Geburt des zweiten Kindes, dass die Erstgeborene, inzwischen sechs Jahre alt, eifersüchtig ist und Probleme macht. Aber im Gegenteil: Die Tochter unterstützt die Mutter, trägt ihren kleinen Bruder herum, fährt ihn spazieren und spielt aufmerksam mit ihm. Während sie in keine enge Beziehung findet und kinderlos bleibt, heiratet der Bruder und gründet eine Familie, die gar nicht wüsste, was sie ohne die engagierte und liebevolle Tante machen würde. Die Schwester erweist sich als besonders hilfreich, als die Ehe in eine Krise gerät und geschieden wird.

Dann lernt ihr Bruder wieder eine Frau kennen, verliebt sich, die beiden heiraten, die zweite Ehefrau wird schwanger – und die Schwester bricht den Kontakt zu ihrem Bruder ab. Den Eltern sagt sie, sie brauche viel Ruhe. Sie reagiert nicht mehr auf Anrufe, lässt Briefe zurückgehen. Als der Bruder an ihrer Tür klingelt, lässt sie ihn nicht herein. Sie erklärt schroff, sie sei ein freier Mensch, sie habe sich lange genug um seinen Scheiß gekümmert.

---

14 Vom 19. Februar 1899, siehe Sigmund Freud: Briefe an Wilhelm Fließ. Hrsg. von G. M. Masson, Frankfurt (S. Fischer) 1986, S. 37, vergleiche Wolfgang Schmidbauer: Freuds Dilemma. Die Wissenschaft von der Seele und die Kunst der Therapie, Reinbek 1999.

15 Und bist du erst mein ehelich Weib / Dann bist du zu beneiden / Du lebst in lauter Zeitvertreib / Lauter Pläsier und Freuden / Und wenn du schreist und wenn du tobst / Ich will es gerne leiden / Doch wenn du meine Verse nicht lobst / Lass ich mich von dir scheiden.

„Mir passt dein Lebenswandel nicht!“, sagt sie, ehe sie die Tür zumacht und ihn stehen lässt.

Die frühe Harmonie zwischen der Erstgeborenen und ihrem Bruder beruht darauf, dass positive Emotionen übrig bleiben, wenn die negativen – Neid, Eifersucht, Hass – verdrängt werden. Die Erstgeborene hat sich einem Bild des guten, normalen Verhaltens unterworfen. Eine große Schwester kümmert sich um ein hilfloses Baby. Sie kann die so entwickelte Beziehung so lange aufrechterhalten, wie auch der Bruder in ihr Empfinden von Normalität passt, vom Leben, wie das Leben sein soll.

Als der kleine Bruder sich scheiden lässt, nimmt sich die große Schwester des hilflosen Kleinen an. Als dieser aber noch einmal heiratet, noch einmal ein Kind zeugt, während sie kinderlos blieb, lässt sich der verdrängte Neid nicht mehr kontrollieren.

Der Bruder ist nicht mehr das Baby, das der großen Schwester dankbar ist; er ist ein gieriger Nimmersatt, der den Hals nicht vollkriegt und jetzt schon die zweite Familie gründet, mit der zweiten Frau ein Kind hat, während sie immer zurücktreten musste und leer ausgegangen ist. Der größte Teil der nun nicht mehr neutralisierten Aggressionen richtet sich gegen sie selbst. Aber es bleiben genug gegen den Bruder und die Eltern übrig, die den plötzlich über die Familien hereingebrochenen Unfrieden nicht verstehen.

Dass der Verlust einer nahestehenden Person heftige seelische Schmerzen auslöst und das Selbstgefühl für oft lange Zeit niederdrückt, ist der Preis, den wir für die Fähigkeit bezahlen, uns zu binden und die magische Erhöhung des Selbstgefühls durch Freundschaft und Liebe zu genießen. Erstgeborene sind in diesem Punkt besonders verwundbar; das fällt aber oft auf den ersten

Blick noch nicht auf, denn sie entwickeln auch vielfältige Möglichkeiten, sich vor Verlusten zu schützen. Der erste ist über sie hereingebrochen wie eine Naturkatastrophe; von jetzt an sind sie auf der Hut.

Ich erinnere mich an eine Erstgeborene, die lange Zeit mit ihren Ängsten rang, sich aus einer unbefriedigenden Ehe zu lösen, und sich ein Leben „danach" gar nicht vorstellen konnte. Als sie sich dann endlich doch mit ihrem Mann über das längst Notwendige einigen konnte, erwartete sie eine seelische Katastrophe – und war verblüfft, dass sie nur erleichtert war, endlich in ihrer Wohnung mit den fast erwachsenen Kindern schalten und walten zu können, wie sie es für richtig fand. Sie fasste ihre Entwicklung zusammen: „Ich habe mir so lange Zeit soviel Angst gemacht, dass da nichts mehr übrig geblieben ist."

Die analytischen Erfahrungen sprechen dafür, dass Erstgeborene den Trennungsschmerz überschätzen und insgesamt Trennungen leichter verarbeiten, als sie es erwartet haben. Die Zweitgeborenen hingegen laufen Gefahr, einen Verlust zu bagatellisieren, den sie schlechter ertragen als gedacht.

Heinrich Heine hat die Fähigkeit, das Unerträgliche am Ende doch zu ertragen, ohne jedoch aufzuhören, es nach wie vor unerträglich zu finden, anschaulich beschrieben:

Anfangs wollt ich fast verzagen,
Und ich glaubt' ich trüg' es nie,
Und ich hab' es doch getragen, –
Aber fragt mich nur nicht, wie?[16]

16 Buch der Lieder. Junge Leiden, S. 47 der Erstausgabe bei Hoffmann und Campe, 1827.

Heine spricht, wie auch im *Asra*, von dem unerträglichen Schmerz nicht (mehr) erwiderter Liebe. Er ist wider Erwarten darüber hinweggekommen, er sucht jetzt nach einem sicheren Weg, einem verlässlichen Mittel gegen Liebeskummer – und findet sie nicht. Denn die vernünftige Einschätzung, die Erwachsene über die Unvermeidlichkeit von Trennung und Verlust zuwege bringen, erreicht die tiefen Erschütterungen der Kindheit nicht.

In eine ähnliche Richtung weisen die Grübelzwänge, mit denen sich Erstgeborene nach dem Scheitern einer Liebesbeziehung quälen. Anders als die Nachgeborenen müssen sie das Unerträgliche ein zweites Mal ertragen. Wie ist es zu etwas gekommen, was einfach nicht hätte passieren dürfen? Was haben sie versäumt, was haben sie übersehen, wo hätten sie früher eine Weiche stellen, sich mehr bemühen oder einen mutmaßlichen Fehler vermeiden müssen?

Freuds Begriff von der Trauerarbeit, die das Ich nach einem Verlust zu leisten hat, ist Teil der Alltagspsychologie geworden. Auf diesen Begriff konnte nur ein Erstgeborener kommen. Die Verbindung einer Emotion mit Leistung und Tätigkeit sucht das Unkontrollierbare zu greifen und zu erledigen.

Im Internet finden sich Beschreibungen der Phasen einer Trauerarbeit, die alle nacheinander erledigt werden sollen. Es werden Trauergruppen angeboten. Mich befremdet der Gedanke, Trauer mit Arbeit zu verknüpfen. Arbeit hat ein Ziel und sucht nach den passenden Aktionen, es zu erreichen. Trauer ist in meiner (zweitgeborenen) Sicht ein Prozess, den wir weder kontrollieren können noch sollen, der sein Ende findet, wenn sich ein Riss in der Verdrängungsdecke wieder schließt oder sich etwas in der Psyche für eine neue Beziehung öffnet.

Gewiss hat auch Freud nicht geglaubt, dass wir Trauerarbeit ähnlich bewerkstelligen wie Gartenarbeit. Aber seine Wortwahl weist in die Richtung des pflichtgemäßen, geplanten Handelns und wird auch oft so verstanden. Grundsätzlich werden traumatische Ereignisse verarbeitet, indem wir die Fähigkeit zurückgewinnen, unsere Gedanken an sie zu steuern und nicht das Opfer von Zwangserinnerungen zu bleiben. Der Begriff der Trauerarbeit belegt auch die Schuldgefühle des Erstgeborenen. Kindern gelingt es meist nicht, zu realisieren, dass sie sozusagen das Recht haben, überfordert zu sein, und es unnötig ist, mit Schuldgefühlen dagegen anzukämpfen.[17]

Jedenfalls ist Trauerarbeit ein ernstes Ding und passt besser zum *Asra* als zu dem italienischen Volkslied mit dem Refrain: *quant' e bell' il primo amor, il secondo più bello anchor. – Wie schön auch die erste Liebe ist, die zweite ist schöner!* Die Erstgeborenen finden es oberflächlich und leichtsinnig, sich in die nächste Beziehung zu stürzen, ehe die erste verarbeitet ist; die Zweitgeborenen behaupten, dass ein Abschluss der Trauerarbeit in einsamer Quälerei unproduktiv, ja vielleicht gar nicht möglich ist. Die zweite Liebe beweist, dass die Wunden der ersten nicht mehr schmerzen.

Wenn Patienten mit dem klinischen Bild der pathologischen Trauer in Behandlung kommen, fällt die Störung der Dynamik von Erinnern und Vergessen auf. Sie reagieren schuldbewusst auf keimendes Vergessen, ähnlich der Flugphobikerin, die zusammenzuckt, weil sie jetzt viel länger als beabsichtigt nicht an ihre

17 Vielleicht hängt auch Freuds Preisgabe der traumatischen Genese der Hysterie mit seiner Rolle als Erstgeborener zusammen, der sich weigert, sich als Opfer zu fühlen.

Ängste gedacht und dadurch die Gefahr beschworen hat, dass der Flieger abstürzt.

Die Analyse erweist nicht selten, dass hinter dem geschilderten Schmerz über den Verlust und den Selbstvorwürfen, nicht über ihn hinwegzukommen und nichts Neues zu finden, eine reiche Welt von Erinnerungen an die verlorene Liebe steckt. Die negativen Gefühle entsprechen der Dornenhecke um das verzauberte Schloss, das von einer neuen Liebesbeziehung bedroht würde.

Wenn die Betroffenen sich zu einem Kontaktversuch durchringen, finden sie nichts Passendes. Sie suchen dann manchmal den Therapeuten in die Rolle eines Zuhälters zu bringen, der sie nach dem Motto *In der Not frisst der Teufel Fliegen* zu verkuppeln wünscht, wo sie doch nur Ekel und Abscheu empfinden. Die Analyse zeigt nun, dass sie die zögerlichen Annäherungen einer erotischen Beziehung im Anfangsstadium mit den Glanzlichtern der verlorenen Liebe vergleichen. So kehren sie aus der tristen Realität in ihr Traumschloss zurück, in dem freilich die Gewissenspeitsche bereit liegt, dass sie den Weg heraus nicht finden.

Eine sozusagen manisch gewordene Form der Anti-Trauerarbeit ist das Stalking. Die eindeutigen Bekundungen des Objekts über das Ende der Liebe werden geleugnet oder in Beweise umgeformt. Die Bindung ist so stark, dass sie jetzt sogar die Polizei gerufen hat, um sich vor ihrem Wunsch zu schützen, mir in die Arme zu fallen! Die geäußerte Abneigung ist eine Hülle, ein Schleier, den ich zerreißen muss, um endlich das Spiegelbild meiner eigenen Gefühle zu finden.

Nach meinen Beobachtungen sind Stalker und Stalkerinnen nicht immer Erstgeborene (häufig Einzelkinder), aber doch erheblich häufiger, als es die reine Zufallsverteilung erwarten lässt. In der Therapie lernen wir nur mildere Fälle kennen, die sich von den aggressiveren Impulsen distanzieren und ihr Stalking selbstkritisch einen Zwang nennen. Wer sein Stalking so auf die Spitze treibt, dass die Polizei eingreift, lehnt in der Regel eine Behandlung ab.

Ein subtiler Anteil von Stalking lässt sich in der kryptischen Formulierung aus Freuds letztem persönlichen Brief an C. G. Jung finden. Freud schreibt, er sei mit Jung nur noch durch *„den dünnen Faden der Fortwirkung früher erlebter Enttäuschungen"* verknüpft. Wie kommt Freud auf den Gedanken, dass eine Bindung durch Enttäuschungen geknüpft wird?

Wenn zwei Menschen durch Enttäuschung *verknüpft werden*, gleicht der Faden dem magischen Paradox, das in der germanischen Sage über den Fenris-Wolf erzählt wird. Er hat bisher jede Fessel aus Stahl zerrissen, jetzt probieren es die Asen mit einem zauberkräftigen Band, das unscheinbar aussieht, aber umso fester hält, je mehr der Gefesselte versucht, es zu zerreißen.

Es ist also ein Zauberfaden, ein Symbol der Fassungslosigkeit Freuds, dass ihn Jung derart enttäuschen kann, wo er ihn doch so sehr liebt. Beide Männer waren in die Stalking-Falle geraten und mussten die Beziehung zerstören, um ihr zu entkommen. Freud hatte eine Grenze überschritten, als er Jung einen unbewussten Mangel an Loyalität nachweisen wollte. Jung reagierte leidenschaftlich und voll aggressiver Entwertung. Er versuchte Freud ebenso sehr in *sein* Ideal zu verwandeln wie Freud *ihn*.

Wer den Briefwechsel Freud/Jung studiert hat, erinnert sich an Stellen, in denen Jung eine dionysische Religion gründen will und Freud seine Lehre nüchterner darstellt, als er sie erlebt, indem er sie mit einer Feuerwehr vergleicht. Beide Männer verloren in ihrem Bruderzwist den Humor, der sie sonst auszeichnete.

Es ist ja im Grunde nichts Arges dabei, wenn Freunde einander brieflich ins Gewissen reden, man kann solche Botschaften ernst nehmen oder ignorieren. Wenn es freilich um Macht geht, gedeiht der Humor nicht mehr.

Seit ich als Psychoanalytiker praktiziere, nehme ich jede Woche an einer Intervisionsgruppe mit Kollegen teil; wir sprechen vor allem über Fälle, die auf uns den Eindruck machen, wir könnten etwas übersehen. Wir sind zwei Männer und zwei Frauen, passen im Alter zueinander, kennen uns recht lange.

Dort berichtete ich über einen Patienten. Er ist Unternehmer und kam wegen einer Ehekrise. Es ging ihm anfangs sehr schlecht, er litt an Panikzuständen, war depressiv, konnte kaum schlafen, stalkte seine Frau, die einen Liebhaber hatte, und trank zu viel.

Er war jetzt drei Jahre in Therapie und hatte sich erholt. Panikzustände und Depressionen waren verschwunden, er verreiste mit Freunden, war aus dem gemeinsamen Haus ausgezogen und arbeitete daran, eine Scheidung durchzusetzen, die seine Frau nicht wollte. Sie wünschte sich eine offene Ehe. Bald würden sie geschieden sein. Ich wollte mit den Kollegen darüber sprechen, warum er keinerlei Anstalten machte, eine neue Beziehung einzugehen.

Mein Patient und seine Ehefrau lebten seit Jahren getrennt und hatten sich über alle wirtschaftlichen Fragen geeinigt; nur die Aufteilung des gemeinsamen Vermögens im Zuge der Scheidungsauseinandersetzung war kompliziert und kostspielig. Sie hatte neue Beziehungen und wollte sich gar nicht scheiden lassen; er ging allen Frauen aus dem Weg, wollte sich aber scheiden lassen. Nur so, sagte er, könne er diese Ehe hinter sich bringen.

Ich unterstützte ihn, es war ihm ein wichtiges Anliegen. Aber es blieb mir fremd, warum ein sonst so ökonomisch und rational orientierter (und darin sehr erfolgreicher) Mann sich in diesem Punkt so und nicht anders verhielt. Übersah ich etwas?

Eine Kollegin stellte sich auf seine Seite. Warum ich sein Anliegen infrage stellte, die gescheiterte Ehe ordentlich abzuwickeln? Für sie spreche daraus etwas wie Prinzipienfestigkeit und Ehrgefühl, sie würde sein Verhalten nicht infrage stellen. Diese Kollegin ist eine große Schwester, ihre Haltung leuchtete mir ein. Ich denke, es ging meinem Patienten in der Tat darum, seine grundsätzliche Missbilligung der laxen Eheauffassung seiner Partnerin auszudrücken, egal, wie kostspielig das sein mochte und obwohl er in sich keinen Wunsch nach einer neuen Beziehung auffinden konnte.

Die eigene Lebensgeschichte ist für den Therapeuten ein Stolperstein. Er sollte sich stets hüten, seine Erfolgsrezepte den Patienten zu verschreiben. Weil vieles davon unbewusst ist und distanzierten, aber geschulten Beobachtern eher auffällt als einem selbst, finde ich die Teilnahme an einer Intervisionsgruppe so wichtig. Eine der emotionalen Grundstrukturen, die unsere Wahrnehmung von Beziehungen ebenso prägen wie unser Verhalten in ihnen, ist die Geschwisterrolle. Wenn ich an den geschilderten Patienten denke, ist der Unterschied zwischen ihm und mir krass: Ich bin zweimal geschieden, war aber bei jeder Scheidung schon neu liiert. Mein Bruder hingegen ist bei seiner ersten Frau geblieben.

6. Der Perfektionismus der Erstgeborenen

Ich habe erwähnt, dass ich mich mit 25 Jahren mit einer fünf Jahre älteren Frau verlobte, sie ein Jahr später heiratete und mit ihr in das Aussteiger-Abenteuer in der Toskana stürzte, während mein Bruder weiter zu Hause blieb, studierte, seine Doktorarbeit bewältigte und dann im Alter von 35 Jahren Erika heiratete und mit ihr zusammen in ihre Eigentumswohnung zog. Sie war zehn Jahre älter als Ernst und arbeitete bei ihrem Bruder, einem Arzt, als Sprechstundenhilfe. Heute denke ich, dass der Blender-Vorwurf neben anderem meiner Fähigkeit galt, zu improvisieren.

Diese Fähigkeit trug zu meinem frühen Erfolg als Wissenschaftsjournalist bei. Ich war als Werkstudent für Archivarbeiten in die Redaktion des medizinischen Magazins SELECTA gekommen, wurde als Schreiber entdeckt und hatte bald einen festen Platz als Autor. Das hatte durchaus etwas Parasitäres: einen flotten, bezahlten Text über eine Originalarbeit zu schreiben, für die der wissenschaftliche Autor vermutlich weniger (wenn überhaupt irgendein) Zeilenhonorar bekam. Zum Blender gehört auch die Begabung zur Selbst-Bewunderung. Ich dachte damals, dass ich den medizinischen Fortschritt fördern, gar Leben retten würde, indem ich in schönerer Sprache langweilige, teils in ausländischen Zeitschriften erschienene Originalarbeiten dem ärztlichen Leser zugänglich machte.

Es gibt in der Kunstgeschichte eine Situation, die mir diesen Aspekt des Verhältnisses zwischen dem Erst- und Zweitgeborenen zu spiegeln scheint. Gotische Bildhauer vollendeten ihre Figuren auch an den Stellen, an denen sie, einmal angebracht, aufgrund ihrer Platzierung im Raum niemals ein Blick treffen würde. Sie arbeiteten sozusagen für Gott, nicht für die Menschen; Gott sieht alles.

Barocke Schnitzer und Stukkateure hingegen vollendeten ihre Werke nur dort, wo das Kirchenvolk sie sah; den Rest ließen sie unbearbeitet. Ich habe drauflos geheiratet und mich wie meine Partnerinnen getäuscht: Es würde schon gut gehen. Ernst war vorsichtig, ich vermute, dass sehr viel Initiative von Erika ausging, er gehorchte dem Gebot, sich zu prüfen, und hielt an seiner Ehe fest.

Dieses Schwernehmen und Gutmachen, das sich gegen die Leichtfertigkeit der Blender wendet, begegnet dem Analytiker in der Arbeit mit Erstgeborenen. Einer von ihnen verliebte sich an seinem ersten Studienort in einen Mann, zog mit ihm zusammen und orientierte sich ganz an den Bedürfnissen des Freundes.

Dieser hatte von Anfang an gesagt, dass er seinetwegen nicht auf den schnellen Sex mit anderen Männern verzichten wolle. Für den Patienten wurde das allmählich unerträglich. Er hatte anfangs widerwillig zugestimmt und geglaubt, dass sein Vorbild und seine stabile Zuwendung dem Gegenüber dieses unreife, oberflächliche Verhalten allmählich ebenso unbefriedigend erscheinen lassen würden, wie er es fand.

Je mehr sich die Gefühle und Wünsche des Erstgeborenen in die Richtung einer exklusiven Beziehung entwickelten, desto leichtfertiger schien der Partner – ein Zweitgeborener – zu werden. Anfangs versuchte der Erstgeborene noch, ihn von seinen Eskapaden abzubringen. Einmal begleitete er ihn in den Klub, in dem sich sein Freund mit anderen in Dunkelräumen traf, sozusagen eine Flucht nach vorne, aber er empfand nur Widerwillen und floh vor dem erotischen Angebot, das er erhielt. Er verließ die Wohnung nicht mehr, dachte an Suizid, verpasste seine Semesterprüfungen. Der Freund überzeugte ihn schließlich, in eine Klinik zu gehen. Vor dort kehrte er in sein Elternhaus zurück und begann eine Psychotherapie.

Die Dynamik dieser gescheiterten Beziehung war erheblich schwieriger herauszufinden, als es diese Zusammenfassung spiegelt. Der Patient mochte nicht darüber reden, er behauptete, diese Krise sei vorbei, abgehakt. Er wolle über andere Themen sprechen, vor allem über das Wesen von Männlichkeit, über seine Identität, wie es gelingen könne, über den eigenen Gefühlen zu stehen und unangreifbar zu werden.

Er lebte jetzt wieder im Elternhaus, der jüngere Bruder war ausgezogen und studierte im Ausland. Er ärgerte sich, dass die berufstätigen Eltern in seinen Augen den Haushalt (ihn?) vernachlässigten, sprach darüber aber nicht mit ihnen. Er suchte in das abgebrochene Studium zurückzufinden; viel mehr aber beschäftigte es ihn, sein beschädigtes Selbstgefühl zu reparieren. Er glich darin dem Misstrauischen, der in die Werkstatt kommt und sagt: „Mein Computer ist kaputt. Können Sie ihn reparieren?" – „Kann ich den Schaden sehen?" – „Nein, ich habe ihn nicht dabei, ich gebe ihn niemandem, von dem ich nicht sicher weiß, dass er ihn reparieren kann!"

Die Therapiestunden füllte er mit Berichten über die Kurse und Bücher, die er besucht bzw. gelesen hatte. Darin ging es um Meditation, Yoga, Vision Quest, Heldenreisen oder um die Frage, ob vegane Ernährung oder aber eine Steinzeitdiät mit viel rotem Fleisch ihn weiterbringen würden.

Er kam pünktlich zu seinen Sitzungen, aber er sprach nicht über seine Einsamkeit, seine Trauer über den Verlust des Freundes und seine Ängste vor einer neuen Beziehung. Er wirkte ratlos, aber auch verbissen, wie jemand, der in einer komplizierten Aufgabe gescheitert ist, die Schuld bei sich sucht und nun etwas wahllos nach Möglichkeiten sucht, seine Persönlichkeit gegen Gefahren zu wappnen, vor denen er sich gar nicht schützen kann, weil sie sich nicht fassen lassen.

Die analytische Aufgabe in solchen Behandlungen besteht erst einmal darin, die eigene Gegenübertragung zu reflektieren und sich in einer Situation zu entspannen, in denen ein Double Bind zu bewältigen ist: Der Patient signalisiert sein Bedürfnis nach Hilfe und wehrt sich gleichzeitig dagegen, sich auf eine dazu nötige Nähe zum Therapeuten einzulassen. Er möchte für seine Vervollkommnungszwänge anerkannt werden, während der Therapeut sich schwertut, nicht insgeheim zu seufzen und zu flüstern: Junge, so kann das doch nichts werden, du kannst doch nicht gleichzeitig das Leben vertreiben und an ihm teilnehmen.

Ich denke dann öfter an einen Satz, den ich in einer Rilke-Biografie gefunden habe; er stammt von einer der Geliebten des Dichters, die angesichts seiner heftigen Schwankungen im Zulassen von Nähe sagte: „Liebling, verrate mir doch endlich das Rezept, wie ich gleichzeitig da und nicht da sein kann." Der Satz hätte übrigens gerade so gut von einer der Geliebten von Franz Kafka kommen können, der ebenfalls leidenschaftliche Briefe schrieb, sich sogar verlobte, aber dann nach einigen Wochen auch wieder entlobte, weil er reale Nähe nicht ertrug.

In der beschriebenen Therapie wiederholte sich dieses Muster in unserer Beziehung und konnte so teilweise erkannt und verändert werden. Wer als erstgeborenes Kind lernen musste, die eigenen Bedürfnisse zurückzustellen und für das bedürftigere Geschwister zu funktionieren, hat es schwer mit Nähe. Eben weil er die eigenen Bedürfnisse so schwer erkennen kann, wächst die Gefahr, sich neben einem Partner zu verlieren, der sich den Zugang zu seiner kindlichen Wunschproduktion erhalten hat.

Ein Beispiel für die Polarisierung zwischen großer Schwester und kleinem Bruder schilderte Heinrich von Kleist in seinem *Allerneuesten Erziehungsplan*, der am 15. Oktober 1810 in den *Berliner Abendblättern* erschien:

> *Ich […] lebte vor einigen Jahren aus gemeinschaftlicher Kasse in einer kleinen Stadt am Rhein mit einer Schwester. Das Mädchen war in der Tat bloß, was man im gemeinen Leben eine gute Wirtin nennt; freigebig sogar in manchen Stücken; ich hatte es selbst erfahren. Doch weil ich locker und lose war und das Geld auf keine Weise achtete: so finge sie an zu knickern und zu knausern; ja, ich bin überzeugt, dass sie geizig geworden wäre und mir Rüben in den Kaffee und Lichter in die Suppe getan hätte. Aber das Schicksal wollte zu ihrem Glücke, dass wir uns trennten.*

Während die Zweitgeborenen wie alle modernen Menschen lernen müssen, dass die äußere Realität von Strukturen beherrscht ist, die unsere Bedürfnisse kanalisieren, kommt für die Erstgeborenen der Ehrgeiz dazu, ihre erkämpfte Überlegenheit über die kindliche Welt zu behaupten. Der Zweitgeborene sucht die

Schuld außen, wenn er nicht kriegt, was er haben will, probiert einen anderen Weg oder fängt an zu weinen, um die Autorität zu erweichen.

Der Erstgeborene denkt erst einmal über Gerechtigkeit nach; wenn sein Bedürfnis womöglich nicht gerechtfertigt war, ist er schuld, dass es ihm versagt wurde, warum hat er nicht besser aufgepasst! Er fällt Urteile – mich traf der Blender; in mir hätte ich keine Neigung finden können, Ernst in ähnlicher Weise zu bewerten, mir wäre da nichts eingefallen, bis heute; ich reagierte auf ihn, passte mich an, nahm es hin, suchte woanders mein Glück, aber es wäre mir nicht eingefallen, ein moralisches Urteil über Ernst zu fällen.

Sind so kleine Hände, winzge Finger dran[18] ... Je älter ich in meinem Therapeuten-Beruf geworden bin, desto geduldiger bin ich auch geworden. Es fällt mir nicht mehr schwer, hinter der Fassade der Personen, die sich und manchmal auch anderen das Leben so schwer machen, das beengte, bedrückte, Sicherheit suchende Kind zu sehen und mir zu überlegen, wie ich dieses eingeschüchterte, versteckte Geschöpf ermutigen kann, seine spielerischen Möglichkeiten wieder zu entdecken.

Oft hilft es schon, einfach zuzuhören und mitzuschwingen, sich gelegentlich ein Beispiel aus dem Mythos, dem Märchen, der Literatur und gelegentlich auch aus dem eigenen Leben einfallen zu lassen. Vielleicht mache ich da auch etwas gut, was ich ganz unbewusst meinem Bruder weggenommen habe.

Parallel zu dieser Entwicklung meines therapeutischen Vorgehens bin ich auch einer großen Liebe meiner Kindheit wieder nähergekommen. Vielleicht weil ich auch einmal der Größere sein

18 Erste Zeile des Lieds „Kinder“ von Bettina Wegner.

wollte, sicher aber, weil ganz allgemein Tiere und Kinder einander sehr nahe sind und die Blicke, die sie tauschen, eine ähnliche unbewusste Energie enthalten, habe ich als Kind ein Aquarium betreut und Kanarienvögel gezüchtet. Ich sparte mein Taschengeld, ging in die Buchhandlung Waldbauer und sagte: „Ein Tierbuch.“ So lernte ich Löns, Ewald, Thompson Seton und andere kennen.

In der Pubertät verschwanden die Tiere aus meinem Leben. Sie sind auch nicht zurückgekommen, obwohl ich es heute bereue, dass ich meiner jüngsten Tochter ihren Wunsch nach einem Hund nicht erfüllt habe, aus dieser dummen Skepsis heraus, dass sich am Ende dann doch die Eltern kümmern müssen. Heute bevorzuge ich es, die Tiere dort zu lassen, wo sie sein wollen, sie zu beobachten – und für Vergleiche heranzuziehen, die auf krummen Wegen dann doch wieder bei dem Kind und seinen animalischen Kräften landen.

Manchmal sage ich „Ein Tier würde das nicht tun“ oder erzähle Patienten, die in narzisstische Konflikte mit ihren Eltern verstrickt sind (wer hat was falsch gemacht und erweist sich einer idealen Beziehung nicht gewachsen), dass soziale Tiere das viel klüger regeln: Es gibt unter Erwachsenen Zusammenarbeit angesichts konkreter Aufgaben, aber keine Urteile über die Vergangenheit, über Schulden und Pflichten.

In diesem Sinn hat sich die animalische Basis von Ernst und mir als unzerstörbar erwiesen. Als es darum ging, uns um die sterbenskranke Mutter zu kümmern, sie zu beerdigen, das Erbe zu verteilen, haben wir zusammengearbeitet. Ich habe ihr und ihm die Grabrede gehalten. Was ich an Ernst beobachtet habe, ist mir oft in Analysen Erstgeborener ähnlich begegnet. Da solche Fallgeschichten immer von den Gefahren der Indiskretion belastet sind, greife ich nach einem historischen Beispiel, das in seiner tragischen Zuspitzung die Probleme verdeutlicht.

In der Biografie des Komponisten Ludwig van Beethoven gibt es ein Ereignis, das ein grelles Licht auf den narzisstischen Perfektionismus eines Erstgeborenen wirft, der sich zwar in Frauen verlieben, aber an keine binden konnte. Es ist sein Handeln in dem Dreieck eines neunjährigen Neffen, dessen Mutter und des vom verstorbenen Bruder als Vormund eingesetzten Erstgeborenen. Ein Vormund, der diese Aufgabe vernünftig angeht, würde dafür sorgen, dass die verwaiste Familie wirtschaftlich gesichert ist und das Kind möglichst unbelastet aufwächst.

Beethoven tat das Gegenteil: Er entwertete die Mutter als unmoralische Hure, als Hexe, als Königin der Nacht, vor der das Kind um jeden Preis bewahrt werden müsse. Er erzwang mit falschen Anschuldigungen ein Gerichtsurteil, das ihm das alleinige Sorgerecht zusprach, und scheute in diesem Zusammenhang auch nicht vor Lügen zurück – immer in dem Gefühl, aus höchster Rechtschaffenheit heraus den Knaben zu retten. Er setzte durch, dass das Kind in ein frommes Internat kam.

Als die Mutter ihren Sohn besuchte, setzten der Vormund und die Internatsleitung durch, dass diese Besuche untersagt wurden, weil das Kind nach dem Treffen mit der Mutter weine. Der Komponist wollte aus dem seiner Mutter geraubten „Sohn“ einen großen Musiker machen. Als klar wurde, dass Karl van Beethoven die nötige Begabung fehlte, sollte er wenigstens ein hervorragender Wissenschaftler werden.

Der Streit mit seiner Schwägerin ist in schriftlichen Zeugnissen und Prozessakten dokumentiert. Er belegt die gnadenlose Rechthaberei und Selbstüberschätzung des Komponisten, der eine Chance sah, ein verjüngtes, besseres Selbst zu schaffen, koste es, was es wolle. Beethoven verachtete seinen Vater, der alkoholkrank war und starb, als sein Erstgeborener 19 Jahre alt war. Entsprechend lebensfern war sein Idealbild der Männlichkeit schlechthin.

Wenn ein Bruder stirbt, ist es ein auch aus der Bibel bekannter Brauch, dass einer der überlebenden Brüder an seine Stelle tritt, die Witwe heiratet und für die Kinder sorgt. Ludwig van Beethoven wusste von diesem Brauch, tat aber das Gegenteil. In seinen gehässigen Unterstellungen, seine Schwägerin sei eine Prostituierte, erscheint das sexuelle Element in dämonisierter Form.

Der Streit um das Kind, das in rührenden Selbstzeugnissen über seinen Konflikt spricht, die Mutter ebenso zu lieben wie den Onkel, löste sich spät und dramatisch. Immer wieder war der Komponist enttäuscht, dass er aus Karl kein Genie machen konnte. Der Neffe lernte, so gut er konnte, aber er brachte keine Leistung, die den Onkel zufriedenstellte, der den Fehler natürlich nicht in seinen Ansprüchen, sondern in ungünstigen Einflüssen (die Mutterhexe!) oder mangelndem Einsatz der beauftragen Erzieher sah.

Karl wurde widerspenstiger; der Onkel steigerte den Druck und die Versuche, ihn zu kontrollieren. Karl wollte etwas Praktisches machen, Kaufmann werden, zum Militär gehen. Beethoven zwang Karl, über seinen Tagesablauf Bericht zu erstatten, die Mutter nicht zu sehen, ließ ihn auch durch Dritte überwachen und bestand auf seinem Recht, den Neffen zu formen.

Karl versetzte schließlich seine Uhr, kaufte sich zwei Pistolen und suchte in romantischem Weltschmerz den richtigen Ort, um seinem Leben ein Ende zu setzen. Die Burgruine Rauhenstein im Helenental, in dem Beethoven oft spazieren ging, schien passend.

Er wollte sich in den Kopf schießen, aber der erste Schuss ging daneben, der zweite streifte die Schläfe, Karl wurde von einem Fuhrmann gefunden und auf seinen Wunsch zu seiner Mutter gebracht. Jetzt gab der damals bereits schwerkranke Komponist die Vormundschaft ab, Karl konnte endlich seinem Wunsch folgen und in den Militärdienst eintreten.

Ludwig van Beethoven hat nach diesem Ereignis Karl nicht mehr getroffen, ihn aber zu seinem Erben eingesetzt. Karl wurde als Unterleutnant ehrenvoll aus der Armee entlassen. Er heiratete, bewarb sich ohne Erfolg für eine Beamtenstelle und lebte von dem ererbten Vermögen.

Am 12. September 1812 beschrieb Goethe in einem Brief an seinen Freund Zelter, er habe Beethoven auf der Kur in Teplitz kennen und schätzen gelernt:

> *Sein Talent hat mich in Erstaunen gesetzt, aber er ist leider eine ganz ungebändigte Persönlichkeit, die zwar gar nicht Unrecht hat, wenn sie die Welt detestabel findet, aber sie freilich dadurch weder für sich noch für andere genussreicher macht.*

Was der Dichter, ein wenig von Genie zu Genie, doch durchblicken lässt, ist Beethovens Impulsivität und seine Unfähigkeit, mit Kränkungen umzugehen. Sein Neffe berichtet von Schlägen; einmal habe ihn der Komponist gewürgt. Dass Beethoven in Wien über dreißigmal umzog, signalisiert die Unfähigkeit zum Kompromiss.

Die Welt ist, so wie sie ist, nicht ganz passend für unsereinen, sagt Goethe – aber wer seinen Abscheu nicht bändigen kann, macht die Sache nur schlimmer. Beethoven hat große Musik über das Ideal der Freude komponiert; Goethe stellt fest, dass uns nichts anderes übrig bleibt, als uns am praktischen Leben zu erfreuen, bei allem, was im Menschen unlösbar ist an dem Konflikt zwischen dem Ideal und dem Leben.

Jeder Tag, den ein Kind damit verbringen kann, ungestört seine animalischen Impulse zu erleben und seine Möglichkeiten zu erproben, sie in der Realität unterzubringen, baut jene Strukturen auf, die Goethe von Beethoven unterscheiden. Goethe behält den spielerischen Blick; Beethoven ist es grimmig ernst, er verachtet den „Höfling“, wie in jener (wohl erfundenen) Szene, wo der Komponist sich nicht vor einer Majestät verneigt, während sich Goethe höflich verbeugt.

Es ist klar, dass Kinder in dieser Versöhnung mit den abscheulichen Seiten der Realität eher von Kindern (und Tieren) unterstützt werden als von Erwachsenen. Das Schicksal der Erstgeborenen ist ein Symbol für das menschliche Leid an der Zivilisation, die uns zur dringenden Gewohnheit geworden ist, ohne dass wir sie gut ertragen.

Während europäische Eltern heute überlegen, ob sie ihre Kinder für eine Stunde allein lassen können, wenn die Erstgeborenen zehn Jahre alt sind (und viele sich dagegen entscheiden), ist es in traditionellen Kulturen selbstverständlich, dass bereits Fünfjährige auf kleinere Geschwister aufpassen und Zehnjährige die Eltern komplett entlasten.[19]

Jüngere Geschwister lernen mehr und schneller von den größeren als von den Erwachsenen. Erwachsene „belehren“ eher abstrakt und erwarten, dass sich Kinder Mühe geben, sie zu ver-

19 Vgl. P. G. Goldring-Zukow (Eds.): Sibling interaction across cultures, New York (Springer) 1989.

stehen; größere Kinder lehren anschaulicher, bringen konkrete Beispiele und machen vor, wie es geht.

Die Erstgeborenen wissen, was richtig ist; die Zweitgeborenen finden einen Weg, wenn sie damit nicht weiterkommen. In der Behandlung von depressiv Erkrankten denke ich oft: Da hast du dir so viel Mühe gegeben, hast alle Pflichten erfüllt. Am Ende ist dir das Ganze auf den Kopf gefallen, weil du nichts mehr findest, was dir Freude macht.

Das aktuelle Beispiel dafür ist eine Vierzigjährige, beruflich sehr erfolgreich: Sie leitet nicht nur eine IT-Abteilung in einem Unternehmen, sondern hat durch intelligente Spekulationen ein großes Vermögen angehäuft. Ihre Frage in der Therapie: „Was nutzt mir das, wenn ich privat nur unglücklich bin?" Sie hatte sich als Studentin verliebt, ihr Freund nutzte sie aus, ließ sie seine Masterarbeit schreiben, hatte andere Beziehungen, während sie immer nur ihn wollte. Er beschwor sie, bei ihm zu bleiben, sie verbinde doch etwas ganz Besonderes, eine Seelenverwandtschaft.

Sie ertrug das längere Zeit. Als eine andere Frau ein Kind von ihm erwartete, trennte sie sich und konzentrierte sich auf ihre Arbeit. Sie konnte sich in keinen anderen Mann verlieben. Immer standen die glücklichen Momente mit dem treulosen Partner vor ihr, herausgehoben durch ihre Seltenheit. Sie entwerteten den Mann, mit dem sie nach einem Anfang suchte.

Sie war die Erstgeborene; ihre Schwester war längst verheiratet und hatte Kinder. „Diese Chaotin, ich musste sie unterstützen, finanziell, sonst hätte sie ihr Studium nicht abgeschlossen, und ihre Männergeschichten, schrecklich, jetzt ist sie mit einem Ausländer zusammen, aber sie fällt immer wieder auf die Füße!"

Mein Bruder und ich sind beide katholisch erzogen und haben mit den Zehn Geboten, körper- und sexualfeindlich ausgelegt, lesen gelernt. Das Richtige zu wählen, nicht das, was Spaß macht, bestimmte seit der Schulzeit alles, was wir über ein Leben lernen sollten, das nicht stracks in die Hölle führt. Ich glaube, dass ich es auch seiner Anwesenheit zu verdanken habe, dass mich diese Erziehung so viel weniger geprägt hat als ihn.

Als ich nach seinem Tod seine Tagebücher las, fand ich eine Stelle voller Wut gegen unsere Mutter: „Du hast mir die Sexualität versaut, du und die Fräuleins und die Pfaffen!" Ich wusste, was er meinte. Ein freundliches Wort zur Erotik habe ich von unserer Mutter nie gehört. Das meiste war Schweigen, es gab einige eruptive Sätze, wie angesichts der ersten Frauenbesuche in meinem Zimmer die Warnung: „Wenn die ein Kind kriegt, ich ziehe es nicht auf!"

Ich hatte aus dem Neckermann-Katalog ein Tonbandgerät ausgesucht und gekauft, nahm Radiosendungen mit Barockmusik auf und konnte so eine Geräuschkulisse schaffen, die Küsse und Seufzer übertönte. Ich wollte weder Ernst, der Wand an Wand mit mir wohnte, noch unsere Mutter im Erdgeschoss als Zeugen meiner ersten Schritte in eine reizvolle, gefährliche Welt.

Es war klar, dass solche Aktivitäten der Mutter nicht passten, sie aber auch nichts dagegen einwenden würde. Als Ernst 18 wurde, hat sie uns beide für volljährig erklärt (früher als das Gesetz, das damals noch 21 Jahre vorschrieb), hat uns die Verwaltung über das Waisengeld (jenen Teil der Beamtenpension, den sie für uns bekam) übertragen und gesagt, wir müssten von jetzt an für uns selbst aufkommen, was Kleider, Bücher und Reisen angehe; sie wolle damit nichts mehr zu tun haben. Für Essen und Wäsche sorge sie weiterhin.

Anders als Ernst habe ich mich nicht über unsere Mutter empören können. Ich glaube sogar, dass sie auf ihre Weise versucht hat, uns vor den christkatholischen Beeinträchtigungen der Erotik zu bewahren, die sie selbst sicher noch viel mehr getroffen haben als ihre Söhne.

Was von diesem finsteren Schleier unberührt blieb, war die Freude an Bewegung. Hier war sie ein Vorbild, die Liebe zum Schwimmen in wilden Gewässern verdankten wir ihr. Ich vergesse nicht, wie sie von der Heuarbeit auf der Birnbaumwiese unterhalb von Deindorf zum Inn ging. Während wir in dem Altwasser paddelten und Schlammburgen bauten, schritt sie zu einem in den reißenden Fluss ragenden Damm, tauchte gemächlich in das graue Wasser und schwamm los, weit flussabwärts. Sie zeigte uns die Wirbel in der Strömung und erklärte, es sei gruselig, wie diese an den Beinen saugen und die Schwimmerin hinabziehen wollen, wir seien jetzt noch zu klein, aber wenn wir erst einmal gut schwimmen könnten, würden wir das auch erleben.

Heute ist der Inn durch die Staustufe bei Simbach gebändigt. Wir haben ihn noch als den Gebirgsfluss durchquert, der keinen Widerstand duldet und für jeden Meter hinüber zwei Meter Abdrift erzwingt. Es gab weite Sandbänke am Altwasser, das tiefe, klare Tümpel bildete und einen kleinen Strom neben dem großen, über den Ernst und ich waten oder schwimmen konnten. Es waren sinnliche Spiele dort. An den Ufern gruben wir Mulden in den Sand, die sich mit schnell erwärmtem Wasser füllten. Wir wälzten uns wohlig ihn ihnen.

In Schlammrüstungen, die an den Gelenken bröckelten, spazierten wir in der Sonne und tauchten dann abwechselnd in das Altwasser und in das eiskalte Flusswasser in der Bucht. Für unsere

Mutter war das Badevergnügen mit ihrem Schwimmen im Inn vorbei. Sie hatte keine Lust auf Schlamm und Wechselbäder. Ich hatte mich damals schon damit abgefunden, dass Erwachsene nicht wissen, was Spaß macht, und versuchte gar nicht mehr, sie zu überzeugen. Sie zeigte Ernst eine improvisierte Sonnenuhr: ein Stöckchen im Sand und zwei Kratzer, einer für die gegenwärtige Zeit und ein zweiter, der uns signalisierte, es sei jetzt Zeit, nach Hause zu gehen, vom Fluss ins Dorf und von dort zu dem vertrauten Haus auf der Ebene.

Wir bauten Burgen, schichteten Batzen auf Batzen Schlamm, bis eine niedere Mauer entstand, hinter die man sich ducken konnte, wenn von der anderen Seite des Altwassers mit rund gepressten Geschossen geworfen wurde. Ich weiß nicht, wo wir das Motiv für diesen Stellungskrieg fanden, es war einfach da. Heute denke ich, dass eines der drei Bücher, die es im Haushalt der bäuerlichen Großeltern gab, eine Rolle spielte: das *Frontkämpferbuch* aus dem Ersten Weltkrieg, wieder und wieder gelesen neben dem schmalzigen Roman *Das Licht der Berge* und einem großen Band mit Heiligenlegenden.

Wir waren in Flandern, bald wurde meine Stellung beschossen, bald die meines Bruders. Die meisten Kugeln trafen nicht, und wenn eine traf, löste sie sich auf; unangenehm wurde es nur, wenn Sand in die Augen kam; dann galt Waffenstillstand, bis sie im klaren Wasser ausgewaschen waren.

Es gab verschiedene Materialien, grauen Sand, der schlecht aneinanderhaftete, in tieferen Schichten einen bläulichen, lehmhaltigen Schlamm, der besser zusammenhielt und wirksamere Geschosse zu bauen erlaubte. Einmal traf ich Ernst mit einem solchen Geschoß wuchtig in den Rücken, als er sich hinter seinen Wall duckte und ich in einem hohen Bogen zielgenau das

Festungswerk umging. Er schrie, stand auf, humpelte, es tat mir leid, aber ich sagte nichts. Ich glaube, wir haben dann eine Weile etwas anderes gespielt.

Hat Ernst diese Tage so unbeschwert erlebt wie ich? Vermutlich nicht. Er hat wohl öfter auf die improvisierte Sonnenuhr geschaut, während ich wusste, er würde sich schon kümmern. Vielleicht musste er sich auch beim Spielen zurücknehmen, seine Würfe etwas bremsen, während ich aus Leibeskräften loslegen konnte. Seit ich über uns beide denken kann, erlebe ich uns gleich stark, gleich schnell, gleich mächtig, zweifelsfrei eine Projektion des aktuellen Zustands in die Vergangenheit, eine Verleugnung meiner Anfänge, eine Anmaßung und Verblendung, an die ich fest glaubte.

Erstgeborene erleben sich oft als Kämpfer, die Freiheiten für die kleinen Geschwister gegen die Eltern durchsetzen. Das hat einen realistischen Hintergrund. Eltern werden ruhiger und fühlen sich angesichts der später Geborenen nicht mehr so sehr gefordert, Regeln zu setzen und zu überwachen. Aber wenn ich an das unterschiedliche Verhältnis zur Erotik denke, kommt noch ein anderer Aspekt ins Spiel. Ernst scheint die negative, verbietende, körperambivalente Haltung unserer Mutter einerseits stärker gespürt und verinnerlich zu haben; auf der anderen Seite beschützte er mich und half mir, sie in diesem Punkt nicht ernst zu nehmen, sondern mich hinter den Schirm der schon erwähnten Einsicht zurückzuziehen, dass Erwachsene ohnehin nicht wissen, was Spaß macht, und man diesen daher besser vor ihnen verbirgt.

Als es dann so weit war und ich mit meiner ersten Freundin in meinem Zimmer knutschte, stellte ich die schützende Musik sowohl gegen meine Mutter wie gegen Ernst laut. Ich fürchtete von beiden gleichermaßen Einwände gegen meinen Schritt. Die Komik der Szene lässt sich nicht leugnen. In der in allem Sexuellen stummen Familie der Witwe mit ihren beiden Söhnen war ich, der jüngste, zugleich der erste, der dieses Element einbrachte, anfangs in aller Heimlichkeit.

Es ist ein Märchen, dass irgendeine Generation den Einbruch der Sexualität in das Zwischenreich der Adoleszenz leicht und locker bewältigen kann. Wenn Zehnjährige sich aus Pornos über die nötigen Einzelheiten informieren können, sieht die Sache anders, aber gewiss für die Betreffenden nicht leichter aus als in den Fünfziger- und Sechzigerjahren, in denen der Kuppeleiparagraf noch galt, Wirte also Unverheirateten nur zwei Einzelzimmer anbieten durften. In den sexualfeindlichen Strukturen des katholischen Kleinbürgertums habe ich die größere erotische Freiheit der jüngeren Geschwister noch öfter beobachtet.

7. Die große Schwester

Wenn von Erstgeborenen schlechthin gesprochen wird, verschwindet ein wichtiger Unterschied. Junge und Mädchen wachsen vorwiegend in mütterlicher Nähe auf. Dass sich beide Eltern in gleichem Umfang um die Kinder kümmern, zweifellos die gerechteste Lösung, ist selbst in den entwickelten Ländern noch lange nicht selbstverständlich.

Daher verlieren erstgeborene Söhne auf zwei Wegen die Nähe zu ihren kindlichen Gefühlen: einmal durch die Forderung, nach der Geburt des Geschwisters „erwachsener" zu sein, zum zweiten aber durch die Erkenntnis, dass die Mutter keine eindeutige Orientierung bieten kann. Der Junge ahnt, ich bin anders und ich werde anders sein, er distanziert sich energischer von allem Babyhaften als ein Mädchen. Meine Mutter erzählt, ich hätte viel länger als Ernst bei jeder Kränkung geweint und geschrien, Ernst sei viel „tapferer" gewesen.

In patriarchalischen Traditionen hat nur der Erstgeborene eine herausgehobene Position. Wo Töchter in der Erbfolge ohnehin nicht berücksichtigt werden, gibt es für die große Schwester keinen besonderen Platz. Die Macht der Frau wurzelt in ihren Söhnen; am Hof des osmanischen Reichs stand im Zeremoniell die Mutter des Sultans über allen anderen außer ihm.

Wenn die Erstgeborenen ihre Lage über die reine Duldung hinaus aktiv bewältigen und Freude darin finden, jemandem etwas zu geben, der auf jeden Fall weniger zurückgeben kann, bestätigt sie das in ihrer Lebensbewältigung und verschafft ihnen ein gutes Selbstgefühl. Aber der Gewinn an Geltung und Sicherheit hat einen Preis. Wenn wir unter Progression die Freude an der aktiven Bewältigung des Lebens verstehen und unter Regression den kindlichen Genuss der Abhängigkeit, wird es besonders vertrackt, wenn eine geglückte Progression die ersehnte Regression verhindert.

Meine Lieblingsanekdote über diese tragische Unmöglichkeit verdanke ich einer Analysandin, einer sehr tüchtigen und klugen Erstgeborenen. Zu ihren Talenten gehörte, dass sie eine ausgezeichnete Skifahrerin war. In dem Winterurlaub mit einem Freundespaar sollten ihr Ehemann und die Frau eines Freundes den Sport erlernen, den sie und der Freund beherrschten.

Den ersten Tag verbrachten sie zu viert auf dem Idiotenhang. Die guten Skifahrer unterrichteten Schneepflug und Stemmbogen, die Anfänger plumpsten in den Schnee, wurden aufgehoben und getröstet.

Am Abend war sie unzufrieden und machte den Vorschlag, dass die Anfänger am nächsten Tag weiterüben, die guten Sportler aber die ernsthaften Abfahrten ausprobieren sollten. Alle waren einverstanden. Sie verbrachte den Tag damit, ein Rennen nach dem anderen gegen den Mann ihrer Freundin zu gewinnen – und bemerkte am Abend, wie sich der Schatten einer Depression auf sie legte.

In der folgenden Analysestunde sammelten wir ihre Einfälle zu diesem Einbruch ihrer Stimmung. Wir fanden heraus, dass der Wettkampf sie enttäuscht zurückgelassen hatte. Sie spürte eigentlich eine ganz andere Sehnsucht. Das Bild der schlechten Fahrerin, die von ihrem Mann liebevoll aus dem Schnee gehoben, abgeklopft und getröstet wird, hatte sie nicht losgelassen. Sie beneidete die Freundin um diese Zuwendung! *Das war es gewesen, was sie eigentlich gewollt hatte!*

Die große Schwester gibt sich ihrer Aufgabe hin, für die Kleinen da zu sein. Stellvertreterin der Mutter, womöglich liebevoller, einfühlender, dichter bei den Kindern. Sie ist ja selbst noch Kind, aber indem sie der Mutter hilft, tritt sie in ein Zwischenreich, hat Macht in beiden Welten und ist von beiden her verwundbar.

Die Bedeutung der Regression hat Freud in einer Epoche wissenschaftlich beschrieben, in der immer mehr Lebensbereiche vom Leistungsprinzip – *Time is Money* – erfasst wurden. Aber das Wissen um die Sehnsucht nach der symbiotischen Ruhe ist älter. Es steckt schon in Goethes Versen: *„Ich besaß es doch einmal / was so köstlich ist. Dass man doch zu seiner Qual / nimmer es vergisst.“*[20]

Wem die Liebe fehlt, der kann sich nach ihr sehnen, sich ihre Erfüllung ausmalen und sich dann schelten, dass er in seinem Gehäuse träumt und nicht hinausgeht, um zu suchen und zu finden. Sehnsucht ist berechenbar, wir kennen ihren Anfang und ihre Grenzen, wir können uns Schönes ausmalen und wissen von Anfang an, dass wir es nicht verlieren können, weil wir es ja nie hatten.

Der Dichter jedoch *besaß* das Köstliche. Jetzt ist er gezeichnet. Er kann die Wucht und den Schmerz des Verlustes nicht ermessen, sein Ende nicht erkennen – die Qual scheint unendlich.

---

20 An den Mond. Die frühe Fassung des Gedichts entstand während der Beziehung zu Charlotte von Stein, die späte 1789, vermutlich erst nach der Rückkehr von der Italienreise.

Demgegenüber schillert die unerfüllte Sehnsucht nach dem nie Gehabten, platzt und verschwindet aus der Erinnerung, als sei sie nie gewesen. Wer nie die Liebe besaß, wird sie auch nicht vermissen. Ist es deshalb nicht klüger, sich von Anfang an nicht in diese Gefahr zu begeben?

Der Mythos der Erstgeborenen ist der vom Beginn der Liebe. Sie tun den ersten Schritt. Sie gehen auf etwas zu, das formbar ist, das sie braucht, das nehmen kann, aber nicht geben – und ihnen von Anfang an auch vermittelt, dass sie nicht so wichtig sind wie die Erwachsenen, die mehr Möglichkeiten haben, dem Baby zu geben, was es braucht. So entsteht eine Mischung aus Liebe und Pflicht, die einzigartig ist, anders als die Liebe zwischen Gleichen. Die große Schwester spielt die Rolle der Mutter, aber es fehlt ihr die spendende Brust ebenso wie der Schmerz der Geburt.

Man könnte glauben, dass eine Erstgeborene, die als große Schwester die Eltern unterstützt und mehrere Geschwister mit aufgezogen hat, geradezu prädestiniert ist, selbst eine Familie zu gründen. Aber es ist komplizierter. In den Untersuchungen zum Helfersyndrom ist deutlich geworden, dass die traumatische Erfahrung des Verlustes der Mutter verarbeitet werden kann, indem sich die Betroffenen mit einem *Idealbild* der Mutter identifizieren und so ihre Autonomie zurückgewinnen.

Der helfende Beruf fasziniert Erstgeborene besonders, wenn sie auf diesem Weg die schon bestehende Abwehr von Neid und Aggression gegen die jüngeren Geschwister festigen und ihre Identität darin finden können, eine bessere Mutter zu sein als die Mutter ihrer Ursprungsfamilie. Parallel dazu erschwert jedoch diese Festigung ihrer Abwehr die Aufnahme von Liebesbeziehungen, in denen sie so viel Nähe, Vertrauen und Abhängigkeit zulassen, wie sie für die Gründung einer Familie nötig sind.

Wenn sich Helfer nicht auf ihre Abhängigkeitswünsche einlassen können, wird es ihnen schwerfallen, eine Schwangerschaft zu riskieren und von einem Partner abhängig zu werden. Wiederholt sind mir große Schwestern begegnet, deren depressive Krise darin wurzelte, dass ihr Wunsch nach einem Kind von einem Partner boykottiert wurde.

Carla, eine zweiundvierzigjährige Erstgeborene und Älteste von drei Geschwistern, arbeitet als Oberärztin in einer Klinik. Sie lebt seit acht Jahren mit dem gleichaltrigen Max zusammen, der mit Gelegenheitsjobs als Tonassistent kaum das Existenzminimum verdient, aber an einem Drehbuch arbeitet, auf dessen Verfilmung er große Hoffnungen setzt. Die Beziehung ist lange harmonisch; Carla findet ihren Partner originell, liebenswürdig und tolerant. Er sei ein halber Feminist, habe nie Einwände gegen ihre Begeisterung für ihren Beruf und die vielen Überstunden gemacht, wie das Carlas erster Freund tat, und sei so selbstbewusst, dass er gut damit leben könne, als freier Autor erheblich weniger zu verdienen als sie. Eigentlich habe sie meistens eingekauft, die Miete und die Urlaubsreisen bezahlt. Geld sei nicht so wichtig wie eine gute Beziehung.

Allmählich stört es Carla, dass ihr Max zwar nicht direkt sagt, er wolle keine Kinder, aber von Jahr zu Jahr wiederholt, er sei noch nicht so weit. An ihrem 38. Geburtstag kommt es zum Streit – wie lange soll sie noch warten? Wann würde Max endlich den Produzenten für sein Drehbuch finden oder akzeptieren, dass sein Projekt nicht funktioniere? Max sieht das ein, er entschuldigt sich, sie versöhnen sich. Er bittet noch um ein Jahr, sie soll ihn nicht bedrängen, das mache ihn fertig und störe seine Konzentration. Als Carla anlässlich ihres nächsten Geburtstages eine Entscheidung fordert, ist Max weniger bereit denn je, sich auf eine Familiengründung einzulassen. Er habe sich noch einmal alles überlegt, er wolle seine Träume nicht aufgeben, er sei nicht spießig genug für so was.

„Auf jeden Fall musst du dich von jetzt an um die Verhütung kümmern", sagt Carla. „Ich lasse es drauf ankommen!" Es irritiert sie jetzt mehr als früher, wie Max sich von ihr versorgen lässt. Wenn er einmal einen Job hat, klagt er über die Filmindustrie, in der es nur auf Beziehungen ankomme und nicht auf gute Skripts. Carla liebt ihre Arbeit.

Max *muss* dankbar für alles sein, was ich für ihn getan habe, denkt Carla. Er wird sich besinnen und aufhören, beleidigt zu sein. In ihrem letzten Streit hat er gesagt: *„Ich lasse mich doch nicht zu deinem Zuchthengst machen!"* Carla zieht aus dem gemeinsamen Schlafzimmer aus.

Wenn sie Rufbereitschaft hat, übernachtet Carla jetzt öfter in der Klinik; zwei erfahrene Assistenzärztinnen haben gekündigt, die Stationen sind mit Anfängern besetzt, die sie nicht warten lassen will, wenn sie Unterstützung brauchen. So kommt sie eines Tages erst am Vormittag nach Hause und denkt wehmütig an die Zeiten, in denen Max auf sie gewartet und den Frühstückstisch gedeckt hat; den Rest des Tages verbrachten sie dann im Bett.

Er ist nicht da, der Tisch in seinem Zimmer ist leer, in den Regalen steht weniger. Auf dem Küchentisch ein Zettel: *Ich brauche eine Auszeit. Ich ertrage Deine Kälte nicht mehr. Ich melde mich, wenn ich mehr Klarheit habe.*

Aufgewühlt ruft Carla ihre Schwester an. Sabine ist vier Jahre jünger als sie, arbeitet als Lehrerin in Berlin, sie haben sich immer gut verstanden. Allerdings konnte Sabine Max nicht leiden, sodass die Kontakte sich ausgedünnt hatten; früher waren sie öfter zusammen in den Urlaub gefahren. Carla erkundigt sich nach Sabines Ältester, ihrem Patenkind, das gerade in die zweite Klasse gekommen ist. Dann erzählt sie von Max und dem Zettel.

„Ich wusste ja, dass du nicht viel von ihm hältst. Ich will mich nicht streiten", sagt Carla, „deshalb hab ich dir nichts von unseren Problemen erzählt. Vielleicht wollte ich auch nicht, dass du sagst, du wusstest schon immer, dass er nichts taugt. Was soll ich nur machen?"

„Der ist weg. Der hat eine andere gefunden, bei der er unterkriechen kann", sagt Sabine. „Du kannst gar nichts machen, außer deine Tür nicht aufmachen, wenn er zurückgekrochen kommt, weil die Versorgung bei dir besser war."

„Ich verstehe das nicht", sagt Carla. „Ich könnte so etwas nie tun. Vielleicht will er wirklich nachdenken und kommt zurück!"

„Aber er müsste doch, wenn überhaupt, mit dir zusammen nachdenken", sagt Sabine. „Und eine Auszeit von dir heißt nicht, dass es keine anderen Frauen gibt!"

Carla ruft einen Kumpel von Max an, Otto, einen Kameramann. Sie hat einen Einschreibebrief für Max angenommen, vielleicht ist die Sache dringend? Max habe sich eine Auszeit genommen. Habe er ihn gesehen?

„Er ist jetzt mit Sandra zusammen", sagt Otto. „Neulich habe ich ihn mit ihr in einer Kneipe getroffen. Sandra hat ein Haus von ihrer Oma geerbt, er hilft ihr, es auszuräumen."

Carla lässt sich die Adresse geben. Sie kennt Sandra flüchtig von den Sommerpartys an der Isar, zu denen Max einlud; er war am 17. Juni geboren und behauptete, das Datum sei das einzig Gute, was er von seinen Eltern mitbekommen habe, alles andere hätten seine beiden älteren Geschwister abgestaubt.

Sandra ist in Carlas Alter und arbeitet als Aufnahmeleiterin beim Fernsehen. „Eine bessere Sekretärin“, hat Max gesagt.

Das Haus steht klein und spitzgieblig in einem großen Garten. Ein Mann lenkt einen knatternden Mäher über den Rasen; beim zweiten Blick erkennt Carla Max unter einem in die Stirn gezogenen Baseballcap. Sie schlägt die Autotür zu und tritt an den Gartenzaun. Max stellt den Motor ab.

„Wenn du deine Sachen nicht bis Ende des Monats abgeholt hast, lasse ich sie einlagern“, sagt Carla, so kalt sie kann.

„Geht in Ordnung“, sagt Max, nimmt die Kappe ab und wischt mit dem Ärmel über die Stirn. „Sonst noch was?“

„Du bist ein Feigling, ein Schmarotzer, ich hätte mir nie vorstellen können, dass du mir das antust!“

„Fantasie war noch nie deine Stärke“, sagt Max. „Du hast mich nie verstanden. Du wolltest mich immer so spießig haben, wie du selber bist. Sandra versteht mich. Ich meine ... als Frau bist du attraktiver als Sandra, aber was habe ich davon, wenn du mich erpresst?“

„Du hast mich ausgenutzt und fallen lassen!“, zischt Carla.

„Ich habe dir meine Zeit geschenkt und du mir deine“, sagt Max. „Liebe ist ein Kind der Freiheit!“

„Verschon mich mit deinen Phrasen“, schreit Carla, „du Möchtegernschriftsteller!“

Das Lächeln fällt Max aus dem Gesicht. Er setzt sein Cap auf. „Das war‘s dann, Frau Doktor“, sagt er und geht zurück zu seinem Mäher.

Die psychologische (und gesellschaftliche) Dynamik der Geschichte von Carla und Max bleibt unvollständig, solange der Mann nicht einbezogen wird, den Carla für Max verlassen hatte. Sie kannte Johannes seit dem Studium, er wollte sie heiraten, wollte Kinder mit ihr, hatte klare Vorstellungen von seiner Karriere und der Rolle seiner Partnerin. Damals war es Carla, die sagte, sie sei noch nicht so weit, solche Entscheidungen zu treffen. Dann torpedierte sie mithilfe von Max den Vorschlag von Johannes.

Wenn es in der Ehe von Carlas Eltern kriselte, seufzte die Mutter, es sei vielleicht doch falsch gewesen, ihr Studium aufzugeben und ganz für Carla da zu sein. Sie hatte Medizin studiert, Carlas Vater war schon Facharzt und noch ein Stück konventioneller als Johannes. Carla glaubte lange, sie sei schuld, dass ihre Mutter das Studium abgebrochen habe. Sie wollte auf keinen Fall eine Hausfrau werden, die ihr Schicksal beklagt.

Max befreite Carla aus ihrem Clinch mit Johannes. Dieser wütete gegen ihre Treulosigkeit, hatte aber mit einer neuen Frau schon zwei Kinder, als er zeitgleich mit Carla seine Facharztprüfung absolvierte. Max gab sich erotisch fluide, als Anti-Macho, aus ihm werde nie ein Spießer, dem die Karriere wichtiger sei als das Leben. Carla sprach vorsichtig über Wünsche, Max könnte Hausmann werden und mit ihr Kinder großziehen. Max widersprach nicht. Er wolle nur warten, bis sich das mit dem Kind richtig anfühle.

„Ist es meine Schuld, dass ich erst auf den Patriarchen treffe, der mir sagt, mein Platz ist bei den Kindern, und dann auf den Taugenichts, der selbst noch ein Kind ist?“, beklagt sich Carla bei ihrer Schwester.

„Ich fand Johannes besser für dich als Max“, sagt Sabine. „Aber du hast mir nicht zugehört. Mit Johannes hättest du verhandeln können. Max ist ein Pudding, den kannst du nicht an die Wand nageln.“

Das Autismus-Problem und die Erstgeborenen

Greta Thunberg ist eine Erstgeborene. Sie zeigte in der Pubertät charakteristische Folgen des Verlusts animalischer Fundamente des Erlebens, litt an einer Essstörung und Depressionen. Sie hatte kaum Kontakte zu Gleichaltrigen. Halt und etwas wie Heilung fand sie an einem Thema, das sie mit Härte und Leidenschaft anging. Sie will seither ihrer Familie, dem schwedischen Staat, der ganzen Welt klarmachen, dass die „Eltern" nicht gut für ihre Kinder, für die nächsten Generationen sorgen. Sie sind verlogen, reisen mit dem Flugzeug, verschwenden Energie, verteidigen einen Lebensstandard, der das Überleben der nächsten Generationen gefährdet.

Anders als Kafka hat Greta ihre leiblichen Eltern nicht angeklagt, sie falsch behandelt zu haben, sondern überzeugt, ihren Lebensstil zu ändern. Sie fahren mit der Bahn und essen kein Fleisch. Greta wurde zur Heldin einer Jugendbewegung. Zehntausende in Australien, in Deutschland oder Belgien bestreiken nach ihrem Vorbild jeden Freitag die Schule und demonstrieren für einen energischeren Kampf gegen die Klimakatastrophe. Greta fuhr 2019 dreißig Stunden im Zug nach Davos zum Weltwirtschaftsgipfel und erntete mehr Publicity als alle Politiker.

Greta wurde unterstellt, dass PR-Profis oder ihre Eltern sie steuern. Sie sagt dazu in einem Interview: „Manche Menschen behaupten, meine Eltern hätten mich gehirngewaschen. Aber es war umgekehrt: Ich habe meinen Eltern das Gehirn gewaschen. Ich habe sie überzeugt, nicht mehr zu fliegen und kein Fleisch mehr zu essen" (schmunzelt).

Gretas Psyche ist nach dem Bericht ihrer Eltern durch eine Dokumentation über Plastikmüll im Meer aus der Bahn geworfen worden. Sie wirkte verzweifelt, weinte viel und sprach wenig. In der Schule hatte sie keine Freundinnen. Damals wurde ein Asperger-Syndrom, verbunden mit einer Anorexie, diagnostiziert. Die Eltern wurden angeleitet, die Nahrungsaufnahme zu protokollieren. Greta quälte sich bei jedem Bissen, brauchte eine Stunde, um eine halbe Banane zu essen.

In Interviews beschreibt Greta, wie sie sich aus einem freudlosen, eingeengten Leben, in dem sie widerwillig aß, stark abnahm, nur Kontakt zu ihrer Familie und den Lehrern hatte, durch die von ihr geschaffene Bewegung selbst erlöst und geheilt hat. Mit jedem Jugendlichen, der sich neben sie setzte, wenn sie mit ihrem Plakat über den Schulstreik für das Klima vor dem schwedischen Parlament protestierte, bröckelte der Wall des Rückzugs aus der sozialen Welt. Durch den Schulstreik habe sie einen Lebenssinn, ein Ziel gefunden. Sie sei fröhlicher und offener geworden, sagt sie und sagen ihre Eltern. Manchmal spricht Greta von ihrer Asperger-Störung wie von einem Geschenk, das es ihr erlaubt, die Wirklichkeit trennschärfer wahrzunehmen und eine produktive Radikalität zu entwickeln.

Als Reporter Greta fragen, ob sie jetzt Spaß am Essen habe, antwortet Greta verhalten: „Essen sehe ich als Notwendigkeit. Ich brauche Treibstoff." Das zeigt ein wesentliches Detail. Nach wie vor fehlt die Genussfähigkeit, aber die früher bedrohliche Essstörung ist kompensiert. Greta regelt mit dem Verstand, was andere nach Lust/Unlustempfindungen regulieren. Kein Wunder, dass sie trotz ihrer vielen Streiktage eine ausgezeichnete Schülerin war. Denn genau dieses Zurücktreten der emotionalen Steuerung durch eine rationale ist den Schulpädagogen höchst erwünscht: Still sitzende, vernünftig ansprechbare und konzentrierte Schülerinnen und Schüler sind ihr nicht immer erfülltes Ideal.

Autisten können emotionale Signale nicht gut entschlüsseln. Die von Asperger beschriebenen Kinder schienen ihre Eltern nicht als Dialogpartner zu erleben, sondern als Hindernisse, die sie beiseiteschoben, um irgendwelche stereotypen Bewegungen durchzuführen, die sie – im Gegensatz zu den anwesenden Menschen – beruhigten. Auch hochfunktionale Autisten verstehen viele der Zeichen nicht, mit denen sich andere Menschen emotional austauschen und spontan „verstehen". Sie entwickeln Brückenfähigkeiten, um sich zurechtzufinden, wirken aber oft ängstlich oder schroff.

Normale Menschen schwimmen im Sozialen wie der Fisch im Wasser, mühelos und unauffällig. Hochfunktionale Autisten bauen sich ein U-Boot in Form eines Fisches und steuern es, den Blick auf den Instrumenten, begleitet von der Angst, dass der Treibstoff ausgeht oder die lebenserhaltenden Systeme nicht funktionieren.

Begegnungen mit Menschen schüchtern sie ein; sie können schlecht auf andere zugehen und persönliche Beziehungen gestalten, während ihnen abstrakte Zusammenhänge und unbelebte Dinge weniger Schwierigkeiten bereiten. Die meisten Kinder klammern sich in einem Angstzustand an die Bezugsperson und lassen sich trösten; ein autistisches Kind kann das nur unvollkommen. Daher kann ein „normales", „neurotypisches" (im Gegensatz zum „neurodiversen") Kind auch viel mehr Chaos, viel mehr Widersprüche ertragen, ohne sich bedroht zu fühlen. Abstrakte Konzepte wie „Umweltverschmutzung" oder „Klimawandel" sind dann Themen neben anderen, sie teilen sich ihren Platz im Gefühlsleben mit emotionalen Beziehungen, materiellen Wünschen, allen möglichen Ablenkungen.

Menschen im Autismus-Spektrum haben große Mühe mit Small Talk. Sie können Gefühle nicht heucheln. Für den Durchschnittsbürger ist es völlig normal, energische Maßnahmen gegen den Klimawandel zu befürworten, mit dem SUV in ein Restaurant zu fahren und dort ein Steak zu verspeisen. Greta findet dieses Verhalten unerträglich. Sie will keine Welt, in der solche Lügen möglich sind.

Es gehört zu den beschämenden, aber gerade deshalb auch notwendigen Erinnerungen der helfenden Berufe, wie oft sie Schaden angerichtet haben. So lehrten prominente Psychotherapeuten wie Bruno Bettelheim, dass kindlicher Autismus durch besondere Kälte der Mütter ausgelöst wird. Diese Hypothese ist ebenso grausam wie falsch. Heute werden „neurologische Ursachen" angenommen, ähnlich wie bei Legasthenie, Dyskalkulie oder die Aufmerksamkeitsstörungen. Wie alle genetischen Vorgaben ist auch die sogenannte Neurodiversität kein unveränderliches Schicksal, sondern durch Umwelteinflüsse geformt.

Die moderne Auffassung, dass wir von Menschen mit besonderen Bedürfnissen sprechen sollten, nicht von Behinderungen, hat dazu geführt, dass Rechtschreibschwäche zu milderen Zensuren und intensiver Nachhilfe führt. Das besondere Bedürfnis der autistischen Schwäche wäre eine überdurchschnittlich verständnis- und liebevolle soziale Welt. Bei den schweren Formen des kindlichen Autismus, in denen bereits der Spracherwerb misslingt, sieht diese Welt freilich anders aus als bei den hochfunktionalen Fällen.

Es ist trivial, festzuhalten, dass in einer Welt ohne Schulen Kinder nicht an Legasthenie, Dyskalkulie oder ADHS leiden würden. Autistische Störungen werden in bedrängten und von Erwachsenen kontrollierten sozialen Welten aktiviert. Zu den Einflüssen, die sie begünstigen, gehört auch die Rolle der Erstgeborenen: Sie beeinträchtigt den Kontakt zur animalischen Welt und zu einem spielerischen Umgang mit Gefühlen. An ihre Stelle tritt das Bedürfnis, Sicherheit durch Kontrolle herzustellen.

Harry Harlow hat in Tierversuchen nachgewiesen, dass bei sozial lebenden Primaten Bindungsverhalten und die Palette der animalischen Kontaktfreude nur durch die Nähe zu anderen Tieren – den Müttern, Geschwistern – reifen kann, während in Isolation aufgezogene Tiere von Angst und Aggression beherrscht sind. Menschen sind komplizierter. Beobachtungen in Grenzsituationen großer Vernachlässigung (schlecht geführte Heime, Konzentrationslager) zeigen jedoch eine große Nähe zu den Ergebnissen der Tierversuche.

Es ist vielfach belegt, dass emotionale Vernachlässigung von Säuglingen und Kindern die mächtigste Ursache von seelischen Störungen, sozialen Beeinträchtigungen und Kriminalität im Erwachsenenalter ist. Wer sich als Kind mit freundlichen Wesen identifizieren kann, wird mit höherer Wahrscheinlichkeit als Erwachsener gute Beziehungen aufbauen können, die wiederum der wichtigste Schutz vor dissozialem Verhalten sind.

Bruno Bettelheim hat seine Erfahrungen im Konzentrationslager mit den Häftlingen, die sich selbst aufgegeben haben, auf die autistischen Kinder übertragen, die er behandelte. Auf der Verhaltensebene gibt es in der Tat Gemeinsamkeiten, aber Bettelheim zog daraus die falschen Schlüsse. Es entlastet ihn ein wenig, dass er keineswegs der Einzige war, der das tat. Die ausgedehnte Literatur über frühe Mutterentbehrung und seelische Schäden ist ein Beispiel für die Bereitschaft, Frauen als Sündenböcke für ein gesellschaftliches Defizit zu missbrauchen und so die wirklichen Probleme nicht nur zu vernebeln, sondern zu verschärfen.

Auch wenn die Beobachtungen an Erstgeborenen dafürsprechen, dass ein Mangel an Sozialkontakten außerhalb der Mutter-Kind-Beziehung die animalischen Basics durch den schmerzlichen Bruch der frühen Symbiose gefährdet, ist es doch ein arger Missgriff, Müttern Schuldgefühle aufzudrängen, wenn sie nicht *für ihr Kind da sind.* In seinen populären, von der WHO geförderten Veröffentlichungen hat neben anderen John Bowlby genau das getan.

Hier fehlt selten der Hinweis auf die scheinbar beruhigende Aussage des britischen Kinderarztes Donald Winnicott: Mütter sollen „gut genug" sein, nicht perfekt. Aber da die Suche nach Perfektion verspricht, Ängste aufzulösen, und die zivilisierte Mutter sich ängstlich fragt, ob sie es auch gut genug macht, verschluckt eher der Perfektionismus die Mäßigung als umgekehrt. Daher mag es nützlich sein, dieses „gut genug" näher zu untersuchen. Eine solche Untersuchung führt geradewegs zum Animalischen.

Das Animalische ist sprachlos und an den Augenblick gebunden, frei von Vergleichen und langfristigen Zielen, frei von Bewertungen. Wenn ihr Welpe die Zitze nicht findet, probieren Hundemutter und Hundekind eben so lange, bis die Milch fließt. Es ist eine Mischung aus Geduld und Rücksichtslosigkeit, die wir den Tiermüttern abschauen könnten. Sie machen, was sie können, aber sie fühlen sich nicht schuldig oder verzweifelt, wenn es nicht reicht.

Wer die Menschenmütter überfordert – und wie sehr das der Fall ist, zeigt ja eben die beschwichtigende Rede von *gut genug* –, schadet den Kindern. Eine von der Angst, etwas falsch zu machen, und den begleitenden Schuldgefühlen beherrschte Mutter droht die elementare Freude am Austausch mit dem Kind zu verlieren. Wenn dann noch ein Experte den Raum betritt und der Mutter erklärt, was ein gesundes mütterliches Selbstgefühl ist, würde er unter Bären oder Löwen den Raum nicht lebend verlassen.

Moralische Alleinverantwortung, die der Mutter zudiktiert wird, ist Gift für Mutter und Kind. Dass das überhaupt geschieht und nicht alle, die um die Mutter herumstehen, sich verantwortlich fühlen und sie entlasten, ist der eigentliche Skandal. Sein Schatten ist, dass vielfach die Mutter gar nicht mehr entlastet werden will, dass sie den kulturellen Auftrag annimmt und in ihren Narzissmus einbaut, nicht nur die Erste, sondern auch die Einzige zu sein.

Eine weitere, verhängnisvolle Illusion ist es, zu glauben, dass Eltern ihre Kinder formen und nicht Kinder ebenso ihre Eltern. Indem die Mutter ihr Baby beruhigen kann, beruhigt das Baby die Mutter. Je komplexer ein Organismus, desto mehr Bemühung um Sicherheit, desto mehr Ängste.

Keine Frau trägt noch den Mutterinstinkt der Säugetierwelt in sich und kann sich auf ihn verlassen. Kognitive Belehrung in einer von Konkurrenz geprägten Leistungswelt erreicht jedoch das Gegenteil der guten Absicht. Sobald Eltern nicht einfach machen dürfen, sondern gut machen müssen, vergleichen sie sich mit anderen Eltern und wollen Sicherheit in ihrem Guten dadurch gewinnen, dass sie besser sind als diese. Angst beginnt, die Beziehung zum Baby zu prägen. Wer aber selbst Angst hat, kann die vielfältigen Ängste eines Kindes nicht mehr angemessen beruhigen. Er traut dem Kind entweder zu wenig zu oder fordert zu viel, weil nur das „normale“ Kind seine Angst neutralisiert, nicht gut genug zu sein.

An welchen Stellen und auf welche Weise die Wechselwirkung zwischen den Erwachsenen und dem Kind versagt, lässt sich oft auch in sorgfältiger Beobachtung des einzelnen Falles nicht klären. Dass diese Wechselwirkung mit seelischen Störungen zusammenhängt, ist anzunehmen, aber das Modell der kalten Mutter gehört in den Bereich des magischen Denkens.

Meist gelingt es schlecht und recht, den inneren Raum zu schaffen, dass beide Seiten mit Gefühlen spielen und sich in andere hineinversetzen können. In anderen Fällen bleibt nur das Skelett von Angst und Aggression übrig, wie bei der autistischen Störung mit ihrem Gemisch von schroffer Distanz, Rückzug und Ärger über die Widersprüche und die Verlogenheit der menschlichen Höflichkeit. Auf jeden Fall dürfen wir davon ausgehen, dass die kindliche Entwicklung durch viele emotionale Interaktionen – Geschwister, eine Spielgruppe, liebevolle Bezugspersonen außerhalb der Kleinfamilie – weniger Gefahren ausgesetzt ist.

Womöglich hat Bruno Bettelheim das absolut Böse, dem er als Jude im deutschen KZ ausgesetzt war, in die von ihm angeklagten Kühlschrank-Mütter projiziert und daraus die Berufung konstruiert, deren Kinder zu retten. Wer sich Familien mit einem autistischen Kind empathisch zuwendet, findet in sich eher Respekt und Mitgefühl für eine unendliche Anstrengung auf beiden Seiten und wünscht sich, Mutter und Kind von dem Druck zu befreien, dass sie durch noch mehr Mühe mehr Normalität herstellen sollten.

Menschliche Wärme entsteht nicht durch Verbrennung von Energieträgern, sondern durch Kontakt und Austausch. Wo sie gefordert und die Ursache für einen Mangel in einem der Beteiligten gesucht wird, schwinden Austausch und Kontakt, mit ihnen die Wärme. Das kausale Denken der Wissenschaft ist hier ebenso kontraproduktiv wie der Perfektionismus, der in technischen Systemen angebracht ist. Von unserer Kultur geprägte Menschen haben größte Mühe, sich von dem skizzierten Denken in kausalen, technischen, rationalen Wirkungszusammenhängen zu befreien, auch wenn sie wissen, dass Wärme und Lebensfreude so nicht gefunden werden können. Folgerichtig steckt in den erfolgreichsten

Ansätzen, Zugang zu autistischen Kindern zu finden, ein Stück Rückkehr zur animalischen Mutterschaft: Schwimmen mit Delfinen, Reittherapie, ein Therapiehund.

Greta Thunbergs Geschichte zeigt, dass eine drohende Katastrophe in einer gemeinsamen Anstrengung nicht nur bewältigt, sondern produktiv werden kann. Es braucht nicht viel Fantasie, um sich klarzumachen, was Eltern auszuhalten haben, deren halbwüchsige Tochter zu verhungern droht und eine Stunde gutes Zureden braucht, um eine halbe Banane zu essen. Niemand würde es den Eltern verdenken, wenn sie sich dann ein normales, nicht dieses besondere Kind wünschen. Aber da wir nicht im Märchen leben, wo wünschen hilft, mussten die Eltern und ihre gerechtigkeitsfanatische Tochter einen Weg finden. Sie haben es getan und sich von ihrem Kind belehren lassen. Wenn wir an Kafka zurückdenken, erkennen wir den Kulturbruch hin zu einer Welt, in der Eltern und Kinder mehr auf Dialog angewiesen sind als je zuvor. Vielleicht können wir aus der Geschichte von Greta Thunberg auch lernen, dass das Pendel in der Gegenrichtung zu weit ausschlagen kann. Während Kafka die absolute Verständnislosigkeit und Sturheit des Vaters beklagt, haben sich Gretas Eltern zu sehr der „Gehirnwäsche" durch ihre Tochter unterworfen und sie so in ihrer Fähigkeit geschwächt, sich weniger rechthaberisch mit komplexen Beziehungen auseinanderzusetzen. Ihre Parteinahme in den Konflikten zwischen dem Staat Israel und den Palästinensern spricht dafür, dass ihr der Zugang zu den tragischen Aspekten politischer Spannungen fehlt.

Die heutige Auffassung des Autismus als Spektrum raubt der Diagnose die Eindeutigkeit. Anders als eine Depression oder eine Legasthenie ist hochfunktionaler Autismus interessant. Er wird daher als Diagnose ausdrücklich nachgefragt und nicht selten eilfertig ausgesprochen, um eigene oder fremde Beziehungsprobleme zu erledigen. Dazu kommt, dass die klinisch rare Kombination von hoher Begabung und Autismus ein Leckerbissen für die Medien ist. Schauspieler interessieren sich besonders für Autisten, eben weil diese so wenig fähig sind, zu heucheln und soziale Rollen mit den passenden, durchschnittlich erwarteten Gefühlen zu spielen. Unerwartbar auf soziale Signale zu reagieren, ist eine echte Herausforderung – sozusagen Urlaub vom Theater im Theater!

In dem Film *Rain Man* mit Dustin Hoffmann und Tom Cruise als Brüderpaar ist der „große Bruder" zwar von heftigen Ängsten geplagt, aber auch ein genialer Mathematiker und Gedächtnisartist. Kontaktgestörte, detailversessene, virtuos mit Computern spielende Autisten sind inzwischen Mitglied in jedem zweiten Ermittlerteam der Krimiserien. Asperger-Autistinnen zuzusehen, wenn sie ihre geistigen Wunder vollbringen, aber an Beziehungsaufgaben scheitern, die ich locker bewältigen würde, schmeichelt dem Selbstgefühl mehr als Herkules und Superman. Lisbeth Salander, Dr. Temperance „Bones" Brennan, Saga Norén[21] sind solche Heldinnen.

Eine Frau, die glänzend mit Wissenschaft und Technik umgehen kann, sich aber mit Gefühlsbeziehungen schwertut, entfernt sich weit von dem traditionellen Bild der hingebungsvollen Geliebten und aufopfernden Mutter. Klinisch werden erheblich mehr Jungen als Mädchen mit dem Störungsbild des Autismus diagnostiziert (ähnlich wie bei ADHS). Etwas widersinnig wird manchmal erklärt, dass Frauen die Störung zwar haben, aber besser verdecken und kompensieren können. So lange ich aber mei-

---

21 Lisbeth Salander ist von dem norwegischen Autor Stieg Larsson erfunden und mehrfach verfilmt worden, Temperance Brennan ist eine geniale forensische Anthropologin, Saga Norén eine Ermittlerin in der schwedischen Krimiserie *Die Brücke*.

ne Angst, meinen Zwang, meine Depression kompensieren *kann*, verbietet sich jede medizinische Diagnose!

Die Eigentümlichkeiten Erstgeborener und die milderen, hochfunktionalen Formen des Autismus haben gemeinsame Wurzeln, denn die autistischen Störungen sind in ihrer Ausprägung, wie alle komplex vererbten seelischen Eigenschaften, von Umwelteinflüssen mitbestimmt. Je weiter wir im Prozess der Zivilisierung fortschreiten, desto mehr wächst die Entfernung zwischen Kindern und Eltern, desto schrecklicher im Sinn des Wortes ist der Schritt aus dem Schutz der Kindheit in das Leben der Erwachsenen. Die Eltern haben keinen Fehler gemacht, wenn das Kind sie sieht und sich fürchtet, so zu werden wie sie. Die Eltern sind nicht für ihre eigenen Eltern und auch nicht für die gesellschaftlichen Strukturen verantwortlich, in denen sie ihrerseits aufgewachsen sind. Das Kind ist ebenso wenig dafür verantwortlich, dass es Angst bekommt und den Appetit verliert angesichts dessen, was da auf es zukommt.

Man kann spekulieren: Greta Thunberg, die ihre Kleider gebraucht kauft und sich nicht schminkt auf der einen; ihre glamouröse Mutter, erfolgreiche Sängerin in schönsten Roben auf der anderen. Das Kind sieht die Mutter und verzagt: So kann ich nicht sein, so will ich nicht sein, muss ich so sein, was bin ich, was werde ich? Mutter und Tochter können sich sehen, aber können sie sich auch verstehen? Verständigen? Wie naiv ist es doch, solche Brüche zu psychologisieren und wie Bettelheim zu behaupten, Eltern könnten die Angst ihres Kindes vor der Welt der Erwachsenen durch intensive Wärmeproduktion beruhigen?

In Gretas Fall brachte weniger die pädagogische Anstrengung der Eltern eine Erleichterung als deren Aufmerksamkeit für den Beitrag ihrer Erstgeborenen. Es wäre aber naiv zu glauben, dass dadurch die bestehenden Probleme gelöst sind. Die Diagnosen der hochfunktionalen autistischen Störungen mögen wie eine Mode wirken, aber sie sind auch ein Zeichen, wie schwierig es geworden ist, Brücken zu bauen zwischen der Welt der Kinder und jener der Erwachsenen. Erstgeborene sind solche Brückenbauer, sie trifft das Auseinanderdriften der kindlichen und der Erwachsenenwelt ganz besonders.

Vorbild und Nachahmung

In der analytischen Arbeit ist mir einige Male eine Kränkung begegnet, die mich befremdete, weil es mir kaum gelang, die damit verbundenen Gefühle zu teilen. Das passiert mir selten; ich habe gelernt, meine eigenen, vielfältigen Empfindlichkeiten nicht zu unterdrücken, sondern sie zuzulassen und sie, so gut es geht, mit Humor zu nehmen. Diese Kränkung habe ich vorwiegend bei Frauen beobachtet. Sie betraf die Imitation durch eine Freundin.

Die Klientin schilderte beispielsweise erregt, dass sie sich bei einem Juwelier eine Armbanduhr mit einem ganz besonderen Design gekauft und das reizlose Originalarmband durch ein passenderes habe ersetzen lassen. Dann sei ihre Freundin, sie wisse gar nicht mehr, ob sie die wirklich als Freundin haben wolle, zu ihr gekommen, mit genau der gleichen Uhr, und habe sie gefragt, wo sie denn dieses Armband bekommen könne! „Am liebsten hätte ich gesagt, sie soll sich die Uhr sonstwo hinstecken, aber das konnte ich nicht. Sie ist dann tatsächlich zu meinem Juwelier gegangen und hat sich genau das gleiche Armband gekauft. Ich habe jetzt keine Freude mehr an meiner neuen Uhr!“

In anderen Fällen betraf die mit ähnlicher Wut hingenommene Nachahmung Kleider, eine Handtasche, einen Schal, Details der Einrichtung, eine Weihnachtsdekoration. Bei Männern habe ich nur ein einziges Mal eine Andeutung dieser Kränkung beobachtet; diesmal wurde sie auf mich projiziert. Ein Klient zog genau das Modell des Taschenkalenders aus seiner Jacke, in den ich seit Jahren alle Termine eintrage, warf einen Blick auf meinen Kalender und sagte: „Hoffentlich sind Sie nicht böse, dass ich mir den gleichen gekauft habe!“ Dann trugen wir die Termine ein; ich machte mir eine innere Notiz, das Thema der Identifizierung mit dem Analytiker nicht zu vergessen, aber die Sitzung war vorbei, so sagte ich nur, „er ist wirklich praktisch“ und lächelte ihn an.

Ich fühlte mich eben keineswegs beraubt, sondern respektiert, im Sinn des lateinischen Wortes *respicere*, das *zurückblicken* heißt. Mein Klient hatte sich beim Kauf seines Taschenkalenders umgeblickt, hatte vor seinem geistigen Auge den meinen gesehen und einen solchen erworben. Merkwürdigerweise war er unsicher, ob das in Ordnung sei; vielleicht kannte er den erwähnten Ärger aus eigenem Erleben?

Die Bedeutung von Nachahmung und Identifikation für unsere seelische Entwicklung lässt sich kaum überschätzen. Ihr Widerpart ist das Bedürfnis, originell, unverwechselbar, einzigartig zu sein. An sich bestätigen Nachahmer die eigene Bedeutung. Kein Popstar wird sich ärgern, wenn in den ersten Reihen seiner Konzerte Jugendliche sitzen, die das eine und andere Detail seines Stylings kopiert haben, kein prominenter Fußballspieler wird die Zahl der Fans beklagen, welche das gleiche Shirt wie er tragen.

In ihrer Erzählung über die Langerudkinder beschreibt Marie Hamsun, wie eine Mutter ihrem hungrigen Sohn ein Butterbrot schmiert. Das Kind beobachtet die Aktion mit großer Freude, bis ein Geschwister auftaucht, ebenfalls ein Butterbrot will und die Mutter zusagt, diesen Wunsch zu erfüllen. Da verschwindet die Freude, denn es wäre eine ganz andere Sache, als Einziger ein Brot zu bekommen.

Wenn ich eine schöne Uhr oder ein Butterbrot habe, wird mein animalischer Genuss durch den Eindruck nicht geschmälert, dass andere Gleiches bekommen, so wenig wie sich der Falke, der die Taube schlägt, für andere Falken interessiert, die seinem Vorbild folgen – solange es nicht die gleiche Taube ist. Anders ist es mit der Aufmerksamkeit in der Liebe. Wer schon einmal verliebt war und sein Gegenüber mit Blicken verschlang, versteht die Kränkung, wenn dessen Blicke mit gleicher Intensität eine weitere Person treffen.

Ich verdanke es einer meiner erstgeborenen Klientinnen, dass ich im Verständnis meines Empathie-Defizits einen Schritt weitergekommen bin. Sie erzählte von einem Besuch ihres „kleinen" Bruders. Wegen eines Schneesturms waren Züge ausgefallen, er saß am Bahnhof fest und bat um ein Nachtquartier, das sie ihm selbstverständlich gewährte. Am nächsten Morgen war sie mit ihrem Freund verabredet, fühlte sich aber auch verpflichtet, sich um den Bruder zu kümmern. Dieser hatte mit dem Tablet-Computer seiner Schwester gespielt und wollte nun die gemeinsame Zeit nutzen, um von ihr Tipps zur Optimierung seines eigenen Tablets zu erfragen. „Ich hatte so gar keine Lust, ihm da zu helfen", berichtete sie. „Ich fand das komisch, so bin ich sonst nicht! Auf einmal wollte ich nicht, dass *er* etwas bekommt, was *ich* mir erarbeitet habe!"

„Brüderliches Teilen" ist sprichwörtlich – und auf jeden Fall ein Projekt, das jüngere Geschwister ohne Skrupel in die Tat umsetzen möchten. Die Erstgeborenen hingegen mussten früh ihre mühsam erkämpften Errungenschaften mit jemandem teilen, von dem sie außer Dankbarkeit (und oft nicht einmal dieser) nichts zurückbekamen. Ich grub in meinem Gedächtnis nach der Geschwisterposition der Klientinnen, bei denen mich der Zorn über Nachahmer derart beeindruckt hatte. In der Tat waren es ausnahmslos Erstgeborene.

8. Ein Haus bauen, nicht drin wohnen dürfen

Ja, ich weiß, woher ich stamme,
Ungesättigt gleich der Flamme
Glühe und verzehr' ich mich.
Licht wird alles, was ich fasse,
Kohle alles, was ich lasse,
Flamme bin ich sicherlich.
Friedrich Nietzsche,
Ecce Homo

Es bleibt nicht ohne Spuren, wenn die Eltern dem ältesten Kind den Auftrag geben, auf die kleinen Geschwister aufzupassen, ehe sie die Wohnung verlassen. So formen sich Führer und Führerinnen, Personen, die Verantwortung übernehmen und, wie schon beschrieben, für Gerechtigkeit kämpfen.

So entstehen neue Organisationen, und da die Ressourcen begrenzt sind, wachsen sie auf Kosten der vorhandenen.

Erstgeborene werden nicht selten zu Eroberern mit ausgeprägten Problemen, das Eroberte zu genießen und sich seines

Besitzes zu erfreuen. Das lässt sich als Folge des bei ihnen besonders ausgeprägten Lebens unter Erwachsenen verstehen. Im Spiel mit Gleichaltrigen entwickelt sich eher ein Gleichgewicht von Aktivität und Passivität, von Erfolg und dem Genuss des Erfolges. Erwachsene geben Ziele vor und fordern Leistungen, aber sie sind oft emotional so fern, dass die Resonanz mit den Zyklen der kindlichen Emotionalität unterbleibt. Die Folge ist innere Unruhe durch den unbewussten Wunsch, den unterbrochenen Zyklus abzuschließen. Er führt zu Rastlosigkeit: Immer neues Erobern soll zu der ersehnten Ruhe führen, niemals ist genug erobert.

Eine zwischen Mythos und Geschichte schwankende Persönlichkeit, die diese Merkmale verkörpert, ist Alexander der Große. Das Muster passt nicht auf alle vergleichbaren Gestalten der Geschichte; Napoleon etwa war ein Zweitgeborener, der freilich schon früh die Rolle des Familienoberhauptes übernahm. Es geht nicht um kausale Zusammenhänge, dazu sind menschliche Persönlichkeiten und ihre Entwicklungsbedingungen zu komplex, eher um das Gewicht von Risiken. Hier sprechen viele Beobachtungen dafür, die Probleme der Erstgeborenen im Umgang mit der Stabilisierung eines Gleichgewichts von Geben und Nehmen, von Anstrengung und Passivität zu akzentuieren. Wesentlich für die seelische Entwicklung scheint, ob die frühen Identifizierungen mit Erwachsenen durch die Nähe zu anderen Kindern gemildert und relativiert werden.

Friedrich Nietzsches Leben zeigt diese Dynamik. Intellektuelle Frühreife und Suche nach anfangs idealisierten, dann entwerteten Vorbildern (Richard Wagner, Arthur Schopenhauer) stehen auf der einen Seite, quälende psychosomatische Symptome und die Unfähigkeit, sexuelle Beziehungen zu stabilisieren, auf der anderen. Das Pathos des geistigen Eroberers steigert sich in den Jahren kurz vor dem Zusammenbruch.

Sigmund Freud, der sich selbst ein Konquistadorentemperament bescheinigte, war in seinen Möglichkeiten, ein Gleichgewicht zwischen Progression und Regression zu finden, kaum weniger beeinträchtigt. Während der Arbeit an seinem Hauptwerk, der *Traumdeutung*, schrieb er an Wilhelm Fließ:

> *Teurer Wilhelm!*
> *Also geht es Dir ebenso, brauche ich mich nicht zu schämen. Auch Du beginnst Briefe am 11., die Du erst am 16. fortsetzen kannst; und am 16. kannst Du von nichts anderem schreiben als von der einen ungeheuerlich großen, für die Kräfte des armen Menschen allzuschweren Arbeit, der jede Regung des Denkens gehört und die allmählich alle anderen Fähigkeiten und Empfänglichkeiten aufsaugt, eine Art Neoplasmagewebe, das sich ins Menschliche infiltriert und es dann ersetzt. Beinahe habe ich's noch besser oder schlechter.*
> *Arbeit und Erwerbstätigkeit fallen bei mir zusammen, ich bin ganz Karzinom geworden. Das Neugebilde trinkt in seinen letzten Entwicklungsstadien gern Wein; heute soll ich ins Theater; es ist aber lächerlich, gleichsam als wollte man aufs Karzinom transplantieren. Da haftet nichts und meine Lebensdauer ist von nun an die des Neoplasmas.*[22]

Die Sätze muten gespenstisch an. Freud wird vierundzwanzig Jahre später an einem Karzinom erkranken. Dem Briefschreiber geht es

---

22 Sigmund Freud: Briefe an Wilhelm Fließ. Hrsg. von G. M. Masson, Frankfurt (S. Fischer) 1986, S. 37.

um die radikale Begeisterung für eine eigene Schöpfung, ein Welterklärungswerk. In dieser Begeisterung hat sich Freud Fließ näher gefühlt als jedem anderen. Beide arbeiteten, jeder für sich, an Projekten, die in ihren Augen alles bisherige Wissen um die Gesetze umstürzen sollten, denen das Menschenleben gehorcht. Fließ hatte ein Periodensystem ausgeklügelt, das Gesundheit und Stimmung Zyklen von entweder 28 oder 23 Tagen unterwerfen sollte.

Freud war damals (im Februar 1899) gerade dabei, das Geheimnis des Traums und in seiner Folge auch die Rätsel der hysterischen Symptome zu lösen. Damit war aber sein geistiger Eroberungsdrang nicht erschöpft; seine Psychoanalyse sollte nicht irgendwo in den Lehrbüchern der Nervenheilkunde zwischen Medikamenten und Ergotherapie enden, sondern die menschliche Gesellschaft behaglicher machen, Philosophie und Soziologie ersetzen, die Religion überwinden.

Freud war ein süchtiger Raucher. Als er einmal auf Anraten von Fließ versuchte, ohne Nikotin auszukommen, fühlte er sich elend und arbeitsunfähig. Er zögerte die medizinische Untersuchung seiner Mundschleimhaut hinaus, weil er zu Recht fürchtete, es sei ein Karzinom und er werde aufhören müssen, zu rauchen. Es war ein Karzinom, aber Freud gab das Rauchen auch nach mehrmaligen Operationen nicht auf.

Sucht ist ein Zeichen dafür, dass elementare Zyklen von Aktivität und Erholung gestört sind. Wer eine Krücke braucht, um sich zu entspannen, ist gefährdet. Das trifft Erstgeborene und Einzelkinder mehr als ihre jüngeren Geschwister. Im Spiel mit Kindern wird der Zyklus von Progression und Regression durch Resonanz stabilisiert, während im Ernst unter Erwachsenen Hilfsmittel notwendig werden, um den nun erschwerten Zugang zu regressiven Erlebnisformen (Spiel, Muße, Tagtraum) zu ermöglichen.

Manchmal begegnet der Therapeut Patienten, die von seelisch gestörten Eltern von allen Altersgenossen ferngehalten wurden, den Kindergarten nicht besuchten, andere Kinder nicht einladen durften, oft mit paranoiden Begründungen. Dass diese Isolation traumatische Folgen hat, liegt auf der Hand. Der Schaden für die Kinder liegt nicht nur in dem Verlust der Übung ihrer Kontaktfähigkeiten, sondern vor allem in der Prägung durch eine von Misstrauen und latenter Aggression bestimmten Welt.

Wie schwer ein kollektiver Entzug von Spielkameraden, von Gruppenkontakten in Kindergarten und Schule auf jungen Menschen lastet, haben die Erfahrungen während der Coronapandemie gezeigt. Nach dem Kinder- und Jugendreport der DAK, der die Neuerkrankungen von minderjährigen Versicherten wegen psychischer Probleme auswertete, nahmen psychische Störungen während der Pandemie deutlich zu: 54 % mehr Essstörungen, 24 % mehr Angststörungen, 23 % mehr depressive Episoden wurden 2021 gegenüber 2019 diagnostiziert.

Ein noch wenig erfahrener Analytiker behandelt eine junge Frau, ein Einzelkind. Sie wurde von einer im Krieg traumatisierten Mutter, die Eltern und Heimat verloren hatte, von Kindern ferngehalten, durfte nie eine Spielkameradin einladen und wurde unter Drohungen dazu gebracht, niemandem etwas von ihrem Zuhause zu erzählen. Die Patientin suchte therapeutische Hilfe wegen heftiger Depressionen, in denen sie an Selbstmord dachte. Sie fühlte sich von ihrem Ehemann nicht verstanden und war sehr eifersüchtig auf dessen Mutter.

Die Behandlung führte rasch zu einer Besserung der Depression. Diese wurzelte aber nicht in Einsichten der Patientin, sondern in einer heftigen Übertragung. Sie hatte sich in den Analytiker verliebt. Er war der erste Mensch, der sie verstand! Sie sprang von der Couch auf und wollte den Analytiker küssen. Er hob abwehrend die Arme und deutete ihr Verhalten als Versuch, ihn zu zerstören und die Analyse zu sabotieren.

Sie verließ empört den Raum und war nicht mehr dazu zu bewegen, die Behandlung fortzusetzen. Sie konsultierte einen Psychiater und bat um Medikamente. Der Analytiker suchte Hilfe in einer Supervision. Er erkannte, dass seine brachiale Deutung vielleicht nicht falsch, aber auf jeden Fall undifferenziert und taktlos gewesen war. Was die Patientin durch ihre Aktion gefährdet hatte, war der Spiel-Raum, ohne den eine analytische Behandlung nicht gelingen kann.

Die Patientin konnte durch den Einfluss ihrer paranoiden Mutter, die in jedem Fremden einen Feind sah, nicht mit Nähe und Distanz spielen, seelische Räume mit Fantasien füllen und diese erforschen. Die vielfältigen Anregungen, Rollenfantasien zu erproben, die uns in jeder Kindergruppe geschenkt werden, waren ihr vorenthalten worden, von einer Mutter, die ihr Kind von allen Einflüssen außer dem eigenen fernhalten wollte.

Durch sein neues Verständnis für die Patientin ermutigt, schrieb ihr der Analytiker, er habe sich überrumpelt gefühlt und nicht angemessen reagiert. Er bat um Entschuldigung und bot an, über die wechselseitig aufgewühlten Gefühle zu sprechen. Die Behandlung kam wieder in Gang, die Patientin konnte sehen, dass sie auch erschrocken wäre, wenn jemand zärtlich würde, ohne sich um ihr Einverständnis zu kümmern. Es zeigte sich, dass ihre jähe Aktion mit einem bisher noch nicht bearbeiteten Thema zusammenhing, einer grenzüberschreitenden Beziehung des früh verstorbenen Vaters zu seiner einzigen Tochter.

Kinder müssen sich gegenwärtig viel nachhaltiger auf Erwachsene einstellen und von diesen formen lassen, als das in den großen Zeiträumen der menschlichen Evolution der Fall war. Erstgeborene und Einzelkinder sind davon ganz besonders betroffen. Das für die Entwicklung höherer Säugetiere so wesentliche Spiel im Kindes- und Jugendalter, in dem Funktionen ausgebildet und eingeübt werden, wird in den archaischen Kulturen der Jäger und Sammler nur ausnahmsweise von Erwachsenen reguliert.

In agrarischen Kulturen hingegen greift der Zwang nach den Kindern; die Maxime, wer nicht arbeitet, hat nichts zu essen, unterscheidet die paläolithische Grille von der neolithischen Ameise.

Kinder in traditionellen agrarischen Gesellschaften zupfen Unkraut, hüten Vieh, holen Wasser. Sie erwerben das kulturelle Wissen *und* leisten einen sinnlich fassbaren Beitrag zur Gemeinschaft. In der Moderne lernen Kinder in speziellen Einrichtungen. Ihr Beitrag zur Gemeinschaft ist abstrakt. Er wird von den Erwachsenen definiert und bewertet; die Kinder erwerben mühsam und fremdbestimmt Verständnis für Erfolg und Misserfolg.

In Jägerkulturen wissen Kinder so gut wie Erwachsene, dass ein dicker Fisch mehr Freude macht als ein dünner und ein voller Korb mehr Menschen sättigt als ein leerer. In den agrarischen Kulturen ist das schon nicht mehr so einfach: Saatgetreide nicht zu essen, trächtige Tiere nicht zu schlachten stellt höhere Anforderungen an die Psyche.

Angesichts dieser einschneidenden Veränderungen sollte niemand die Selbstgefühlsprobleme und die Depressionsgefahren von Kindern und Erwachsenen beklagen. Eher angebracht sind Staunen und Respekt, wie gut viele Familien den Stress durch diese Neuerungen kompensieren.

Die rapide Zunahme von Diagnosen wie ADHS und Autismus-Spektrum-Störung in den hochentwickelten Ländern hängt mit dem Verlust der primären Spielwelt als Medium der kindlichen Entwicklung zusammen. Kinder begegnen früh den Spannungen zwischen pädagogischer Institution und Elternwünschen. Wir leben nicht mehr von Tag zu Tag, von der Hand in den Mund. Es lässt sich nicht vermeiden, Entscheidungen zu treffen, welche die Zukunft prägen, ohne dass irgendetwas Fassbares für sie spricht. Parallel wächst die Last, falsche Entscheidungen zu verarbeiten, sich über sie schuldig zu fühlen und zu schämen.

Der Erwachsene steht für das, was das Sprichwort den Ernst des Lebens nennt. Auch wenn er sich Mühe gibt, das kindliche Spiel nicht zu stören, wird er kein Kamerad, der das kindliche Gegenüber ersetzen kann. Wenn der Erwachsene spielt, ist sein Spiel getränkt von Absicht, eingeengt und bedrückt von narzisstischen Strukturen. Erwachsene biedern sich an oder sind unerreichbar, sie gewinnen immer oder lassen gnädig gewinnen. Beides fühlt sich nicht richtig an, immerhin aber besser als gar nichts.

Oft treten Familien eine Art Flucht nach vorne an; sie lassen schon im dritten Lebensjahr ein Musikinstrument oder eine Fremdsprache üben. Solange das Kind Freude am Üben hat, gewinnt es Selbstvertrauen in der elementarsten, unersetzlichen Form: Ich kann, indem ich mich bemühe, meine Kontrolle über meine Umwelt verbessern.

Gefährlich ist ein Zwang, der unser Erleben in einen angepassten Teil und einen schlechten Rest spaltet. Denn genau diesen Rest brauchen wir, wenn wir mit der Anpassung nicht weiterkommen, wenn Erwartungen enttäuscht werden, durch diesen angeblich einzig „guten“ Teil unseres Selbst sicher und in Frieden zu leben.

Wer spielende Kinder beobachtet, blickt in den Brunnen der Kreativität und Resilienz. Solange kein Erwachsener als Schiedsrichter zugegen ist, werden Konflikte kreativ und kompromissbereit reguliert. Wer nach einer Beleidigung sich nur wehleidig zurückziehen kann, ist kein guter Kumpan. Die Topdogs, die andere knechten, müssen aufpassen und sich zügeln, sonst stehen sie bald ohne Mitspieler da. Jede Gruppe sozialer Tiere entwickelt spontan die Fähigkeit, sich zu erhalten und zu stabilisieren. Es gibt ein frühes, emotional fundiertes Wissen, kein Mitglied zu verlieren, die allzu Aggressiven zu dämpfen, die allzu Ängstlichen zu ermutigen, die allzu Zurückgezogenen in die Mitte zu holen.

Ich habe rund fünf Jahre intensiver Arbeit als Mitglied und Leiter von Selbsterfahrungs- und Therapiegruppen gebraucht, um die nächsten vierzig Jahre relativ entspannt mit der Sicherheit weiterzuarbeiten, dass Gruppen sich selbst regulieren und zusammen „spielen“ können, wenn sie dabei nicht gestört werden.[23] Der Gedanke einer primär asozialen Triebstruktur bei Freud beruht auf einer Projektion kapitalistischer Deformationen in die biologische Evolution sozialer Primaten.[24] Ohne die Fähigkeit, sich konstruktiv zu organisieren, können soziale Tiere nicht überleben. Sie würden dem Selektionsdruck nicht standhalten und den Selektionsvorteil verspielen, der im gemeinsam organisierten Schutz für die Schwächsten liegt.

23 Wolfgang Schmidbauer: Selbsterfahrung in der Gruppe. Die Erstauflage erschien 1976 in München; spätere Bearbeitungen unter dem Titel „Wie Gruppen uns verändern“ 1992 in München und 1999 in Reinbek.

24 Wolfgang Schmidbauer: Vom Es zum Ich. Evolutionstheorie und Psychoanalyse. München 1975 und Berlin 2005.

Spielkameraden kämpfen gegen die Langeweile der Harmonie ebenso wie gegen die Gefahren der Aggression; eingeübt wird vor allem die Bereitschaft, aus Rückzug und Kränkung heraus neu anzufangen und es besser zu machen. Im kindlichen Spiel werden animalische Gewissheiten bekräftigt, deren Mangel Erwachsene so ratlos macht. Wünsche und Gefühle sind bei genügend gut versorgten Kindern körpernah, fluktuierend, unerschöpflich. Wir werden uns selbst ebenso wie andere Menschen toleranter behandeln und besser verstehen, wenn wir diese spielerische Ebene genügend lange durchleben und den Kontakt zu ihr nicht ganz verlieren.

Kinder können Erwachsene spielen, Erwachsene Kinder. Aber während alle Erwachsenen einmal Kinder waren und eine fundierte Verständnismöglichkeit in ihnen schläft, sind Kinder auch dann nicht erwachsen, wenn sie behaupten, es zu sein. Das ist vor allem in der Extremsituation des Kindes unter Erwachsenen fatal, in der Erwachsene ihre erotischen Wünsche auf Kinder richten und mit suggestiven Mitteln zu erreichen suchen, dass die sexuellen Bedürfnisse gegenseitig sind, ja sogar vom Kind ausgehen. Aber das Kind spricht, wie Ferenczi sagte, die Sprache der Zärtlichkeit; der übergriffige Erwachsene antwortet in der Sprache der Leidenschaft.

Die kindliche Sinnlichkeit ist nicht immer sanft, aber ihr fehlt die orgastische Orientierung, das Ziel, das unbedingt erreicht werden muss. Wie der Magnetberg im Märchen von Sindbad den Schiffen die Nägel aus den Planken zieht, sodass sie in Stücke zerfallen, löst die leidenschaftliche Sexualität die Strukturen auf, in denen Erwachsene Kindern vertraut sind. Es ist eine erschreckende Erfahrung.

Die Berichte von satanischen Messen und rituellem Kindermord haben wohl keine faktische, aber eine psychologische

Wahrheit[25]: Sie geben dem so enttäuschenden, in seiner blinden Impulsivität grausamen, unberechenbaren Erwachsenen etwas von seinem für das Kind unentbehrlichen Status zurück, indem sie ihn dämonisieren. Er hat es *geplant*, böse zu sein, er hat nicht einfach jeden Anstand vergessen und triebhaft agiert; er ist Teil einer Verschwörung, deren unentrinnbare, grenzenlose Macht die Opfer vor dem ebenso schwer zu meidenden wie absolut ungerechtfertigten Schuldgefühl schützt, irgendwie doch beteiligt gewesen zu sein.

Es hat sich auf dramatische Weise als erfolglos erwiesen, sexuelle Übergriffe auf Kinder durch ausufernde Kriminalisierung zu bekämpfen. Verschwörungsmodelle und Dämonisierungen machen Delikte interessant. Sie werten, wenn auch im Bösen, die Täter auf. Das Vertrauen in eine Selbstregulierung auf der animalischen Ebene wird in den besten Absichten gefährdet, wenn etwa kindliche Doktorspiele mit dem Modell des sexuellen Missbrauchs belegt und verfolgt werden.

Der sexuelle Übergriff ist ein extremes Beispiel für die Problematik des Kindes unter Erwachsenen. Er verdeutlicht besonders krass, dass die intellektuelle und körperliche Überlegenheit des Erwachsenen nicht wegdiskutiert werden kann, ihn in ihrer unerlässlichen Hemmung verkrampft, in ihrer herausbrechenden Impulsivität übermächtig werden lässt.

---

25 Auch wenn es sich um moderne Mythen handelt, entspringen diese doch dem Bedürfnis traumatisierter Personen, ihre Erfahrungen zu verarbeiten, ihnen einen Sinn zu geben und die Täter, mit denen sie durch abgründige Erlebnisse verbunden sind, gegen die Erbärmlichkeit ihrer gierigen Übergriffe so groß zu machen, wie es der eigene Schmerz ist. Das Bild einer riesigen, bis in höchste Kreise reichenden und abgrundtief bösen Macht scheint nicht wenigen Opfern die Verarbeitung ihrer Erlebnisse zu erleichtern und ihnen Räume zu verschaffen, in denen sie ein normales Leben zurückgewinnen. Man sollte Personen respektieren, die sich tröstende Geschichten erzählen.

Was annähernd Gleichaltrige miteinander anstellen, ist bestimmt nicht immer harmlos und schon gar nicht schmerzfrei. Aber es wird in der Regel erst dann zum Trauma, wenn die Erwachsenen es dazu machen und ihre Wertvorstellungen projizieren.

Unter sozialen Säugetieren gibt es den Welpenschutz; die Justiz kennt die Strafunmündigkeit. Eltern und Erzieher fühlen sich unter Druck, ihre Kinder für eine Zukunft zu formen, die sie gar nicht kennen. Sie mischen sich ein, wollen Veränderung erzwingen, Wachstum beschleunigen, vergessen das Sprichwort, dass die Halme nicht schneller wachsen, wenn man an ihnen zieht. Winnicott sagte, es sei ein sicheres Zeichen für einen Mangel an Verständnis für Kinder, wenn der Erwachsene glaubt, er könne diese durch *Geben* weiterbringen, und nicht sieht, dass es viel wichtiger ist, als *Empfangender* da zu sein.

Was ich animalisch nenne, weil das Wort dem Gemeinten am nächsten kommt und es mit der Evolution des Lebens schlechthin verbindet, ist nicht tierisch im Sinn einer Kategorie. Der Begriff bietet an, nicht von oben nach unten, von den Höhen der Soziologie und Wissenschaftsphilosophie auf den Menschen zu blicken, sondern wenigstens den Versuch zuzulassen, dass sehr wichtige Dinge genauer gesehen werden können, wenn wir sie von unten nach oben und von innen nach außen betrachten.

Das kindliche Spiel ist wie das der sozialen Tiere die Übung für den Ernstfall, ein Motor der Entwicklung und eine Grundlage für eine verlässliche Steuerung der zyklischen Lebensäußerungen: Atmen, Schlafen, Essen, Trinken, Ausscheiden, Zärtlichkeit und Erotik.

Unter Erwachsenen ist es Kindern erschwert, diese Zyklen selbst zu entdecken und zu erproben. Das führt in die Entfremdung von einer in Jahrmillionen perfektionierten Steuerung, die jetzt durch die Willkür der elterlichen Wertvorstellungen verdorben wird. Die Erwachsenen wissen besser, wann das Kind schlafen, wann es aufwachen soll; sie finden es zu dünn oder zu dick, sie sagen, es esse zu viel oder zu wenig. Vor allem aber mischen sie sich ein, wenn sich das Kind an den falschen Stellen seines Körpers streichelt, wenn es mit anderen Kindern Streichelspiele beginnt. Sie erklären mit Zorn, Ekel oder Angst in der Stimme, dass es falsch ist, so zu spielen, vor allem, wenn es auch um Ausscheidungen geht, die das Kind in beneidenswerter Unschuld interessant findet.

Moderne, aufgeklärte Eltern geben sich Mühe, Kindern die Lust am eigenen Körper nicht zu verderben, sondern sie vorsichtig darauf hinzuweisen, dass Streicheln ganz in Ordnung ist, nur auffallen darf das Kind damit nicht, nicht alle sind so tolerant wie Mama und Papa.

Das hört sich besser an als die katholische Erziehung, an die ich mich erinnere und die auch meine Eltern und Großeltern genossen. Hier musste man vor der ersten Beichte erst einmal die Bedeutung des Wortes *unkeusch* lernen, um dann zu begreifen, dass Berührungen, die sich schön anfühlen, genau das sind. Unter diesem Druck mag es auch einfacher sein, sich zu wehren und die Erwachsenen schlechthin für blöde Riesen zu halten, die keine Ahnung davon haben, was Lust macht. Weshalb es eben gut ist, ihnen zu misstrauen, sich vor ihnen zu verbergen und Freuden im Verborgenen zu pflegen.

Das Animalische funktioniert auf seine Weise, aber es ist nicht *normal* in dem von der Schrift geschaffenen, kulturellen Sinn. Es steuert von innen nach außen; wird es unterdrückt und nicht eingebettet, erleben die Eltern später, wie ihr Kind nicht schlafen und manchmal nicht einmal mehr ungestört atmen kann, wie es den Appetit verliert oder unter Verstopfung leidet. In der Pubertät kommen neue Schrecknisse auf sie zu: Das Kind wählt Ideale, die sich gegen die animalischen Vorgaben richten, es hungert sich zu lebensbedrohlicher Schlankheit oder begehrt einen anderen Körper, weil ihm der biologische unerträglich geworden ist.

Die Normen der erwachsenen Welt können das Spiel der Kinder stören, aber nicht ersetzen. Unsere Justiz geht vom Übel aus; der Erhalt des Animalischen interessiert sie nicht, obwohl er doch immer dann, wenn es um Beziehungen zwischen Menschen geht, dem *pursuit of happiness* besser dient als der Kontaktabbruch, die Strafanzeige und die Schadensersatzklage.

Hartmut Rosa spricht vom *Unverfügbaren*, das sich dem Kontrollbedürfnis der Moderne entzieht.[26] Der hier als animalisch charakterisierte Lebensbereich ist in der Tat unverfügbar. Der Begriff des Animalischen konkretisiert die soziologische Beschreibung und verbindet sie mit der Beschädigung einer elementaren Übung im kindlichen Spiel und der allgemeinen Rücksichtslosigkeit einer von Profitmaximierung beherrschten Politik gegenüber unseren Lebensgrundlagen. Jetzt kaufen, jetzt haben, jetzt ausbeuten und später zahlen ist nicht nur das Motto der Kreditkartenindustrie; es wirkt ebenso hinter Klimawandel und Artensterben.

Die Eltern einer Siebzehnjährigen suchen Hilfe: Ihre Tochter will einen neuen Namen, sie will ein Mann werden und bedrängt sie mit dem Wunsch, sie müssten sie als Jungen genau so lieb haben wie zuvor. Sonst werde sie eben mit den Eltern brechen und ihren Weg alleine gehen.

---

26 Hartmut Rosa: Unverfügbarkeit, Frankfurt (Suhrkamp) 2020.

Der Vater hat eine traumatische Kindheit durch starres Leistungsdenken verarbeitet. Er arbeitet viel und kümmert sich in seiner knappen Freizeit intensiv um das Kind, das sich zu einer ehrgeizigen Sportlerin entwickelt, aber wenige Freundinnen hat. Er macht dem Mädchen teure Geschenke, bringt ihm die von ihm bevorzugten Sportarten bei und ringt jetzt mit Impulsen, ihr einfach zu verbieten, was sie da vorhat.

Beide Eltern haben sich informiert, ohne dass sie das erworbene Wissen beruhigen konnte. Die Mutter zitiert Statistiken, nach denen sich die seelische Situation durch die Transformation stabilisiert. Der Vater hat von einem Chirurgen aus seinem Bekanntenkreis gehört, dass mit geschlechtsangleichenden Eingriffen definitiv mehr kaputt gemacht als geheilt würde. Das Ganze sei eine Modesache! Nein, setzt die Mutter dagegen: Durch die wachsende gesellschaftliche Aufmerksamkeit würden es mehr Betroffene wagen, mit ihrem Problem Hilfe zu suchen.

In solchen Gesprächen wird bald deutlich, dass das Wesentliche nicht in der Debatte über die Schwächen von Statistiken und die Vorurteile in klinischen Expertisen gefunden werden kann. Die Tochter hat auf jeden Fall die animalische Sicherheit verloren, dass das, was ihr Körper vorgibt, für sie auch das Richtige ist.

Die Eltern hätten sich eine andere Entwicklung gewünscht, aber nur in Zukunftsromanen können wir in die Vergangenheit reisen und dort Weichen stellen. Gegenwärtig ist die junge Person überzeugt, dass niemand sie versteht, der sie nicht als Mann anerkennt, genauer: der ihrer Überzeugung widerspricht, schon immer ein Junge gewesen zu sein und auf keinen Fall eine Frau sein zu müssen.

Lange vor den politischen und wissenschaftlichen Fehden der Gegenwart haben viele Kulturen Männer als Frauen und Frauen als Männer leben, sie miteinander und mit ihren Rollen spielen lassen. Dann ist der technische Ernst in das Spiel der Transsexualität eingedrungen. Eine neue Bedenkenlosigkeit der Beschädigung hat das Spiel beendet, als Frau Mann, als Mann Frau zu sein.

Ich habe mit Ernst nie über Sexualität gesprochen. Das fiel mir vor meinem Schritt in die Welt der Psychologie nicht auf, so war es eben, unsere Mutter redete auch nicht drüber. Als Kinder gingen wir zusammen aufs Klo und bieselten (in Bayern wird das hochdeutsche Pieseln und Pissen weich gesprochen) zusammen in die Schüssel, die Strahlen kreuzten sich. So unbefangen bin ich später nie mehr gewesen. Es gab auch Spiele, in einen Baum zu klettern, von einem Ast herabzuscheißen und zu beobachten, wie sich etwas entfaltet, das man sonst nie sieht. Aber als ich mit zwölf Jahren die Freuden der Selbstbefriedigung entdeckte, habe ich ihn nicht eingeweiht. Ich hütete mein Geheimnis und glaubte erst einmal, das würden alle jungen Männer tun. Ich kam dahinter, dass mein Genuss im Beichtspiegel unter *unkeusche Berührungen* eingeordnet war, das Verschweigen solcher Handlungen in der Beichte womöglich als Todsünde eingeordnet würde und zu ewiger Höllenstrafe führen könnte. Nach einem beschämenden Versuch, doch noch zu beichten, ließ ich den Kirchenglauben sein. Das wären Themen gewesen, die Ernst ebenso betrafen wie mich. Aber ich sah ihn, sicher zu Unrecht, auf der Seite der Macht im Passauer Dom und nicht auf meiner.

Eine andere Leidenschaft war das Lesen, und auch hier erlebte ich Ernst als Hindernis. Er bestand darauf, Vollstrecker des mütterlichen Urteils, das Licht in der gemeinsamen Schlafkammer auf dem Dachboden in Passau zu löschen und murrte, wenn ein Schimmer der Taschenfunzel nach außen drang, mit der ich mich unter einem Zelt aus der Bettdecke über meinem Buch krümmte, bis die Batterie aufgab.

Im Erleben der Erstgeborenen ist die Mutter eine Verräterin, weil sie noch ein Kind bekommt. Die Zweitgeborenen können auch zu Verrätern werden, sie sind Opportunisten, nehmen sich, was sie kriegen können, und erinnern sich an keine Dankespflicht, sobald sie interessantere Angebote erhalten.

In menschlichen Krisensituationen hat nicht das animalische, sondern das narzisstische Thema den Vorrang. So habe ich Ernst erlebt; in dem Anprall der animalischen Freude an meinen ersten Orgasmen rückte ich ihn auf die Seite der Kirche, der Eltern, der Erwachsenen, die das nicht verstehen und besser nichts davon wissen sollten.

1945 war ich vier Jahre alt und sah meinen Bruder ganz als Verbündeten meiner kindlichen Genüsse. 1954, als ich das erste Mal mit einem Orgasmus spielte, war das vorbei. Ich denke, es ist der schiere Anprall solcher Empfindungen auf das kindliche Erleben, das dazu führt, einen Schutzwall von Scham und Schweigen aufzubauen. 1955 begann meine Mutter mit dem Bau eines Hauses in Feldafing. Ein Jahr später zogen wir ein. Ernst und ich bekamen jetzt eigene Zimmer mit Bett, Schrank und Schreibtisch.

Der Abstand zwischen uns wuchs; jeder hatte jetzt eigene Freunde. Ich hatte begonnen, Gedichte zu schreiben, die ich nur meinem besten Freund zeigte, nicht aber Ernst oder der Mutter. Ich verschloss mein Zimmer. Die einfachen Türschlösser ließen sich mit einem krummen Draht öffnen. Einmal, als ich besonders viel Wert auf meine Geheimnisse legte – ich hatte Gedichte abgetippt, um sie an eine Zeitschrift zu schicken –, fand ich die Tür geöffnet. Ernst schwieg auf meine empörte Frage.

Ich kaufte beim Schlosser einen Knauf und schraubte ihn dorthin, wo bisher die Klinke gewesen war. Dann entfernte ich das Schloss und setzte ein neues ein. Es konnte von außen nur durch einen schmalen Sicherheitsschlüssel geöffnet werden. Wenn mich eine Freundin besuchte, musste ich nicht extra abschließen und ersparte mir eine Peinlichkeit. Als ich mit 21 Jahren volljährig wurde, beschloss ich aus der Kirche auszutreten. Ernst hat, obwohl kein Kirchgänger und überzeugter Naturwissenschaftler, bis zu seinem Tod Kirchensteuer bezahlt.

Unsere Mutter war von Ernsts Verstummen nach unserer letzten gemeinsamen Fahrt überfordert. Sie unternahm nichts, um uns wieder zusammenzubringen. Sie versorgte uns mit Essen und Wäsche. Einkäufe wie Kleider, Fahrten und Bücher erledigten wir selber, das Waisengeld, das sie vom Staat bekam, leitete sie an uns weiter. Ich verdiente durch Nachhilfestunden und bald auch durch journalistische Arbeiten etwas hinzu. Wenn ich mit meinem Freund reiste, fuhren wir jetzt in einem Auto, das ihm seine Eltern liehen. Wir übernachteten in einfachen Hotels und trugen ein englisches Teegeschirr in einem Karton ins Zimmer, um dort stilvoll zu speisen. Mit 18 Jahren machte ich den Führerschein, zwölf Fahrstunden in Tutzing, wo es keine Ampel gab. Ernst meldete sich erst ein Jahr später bei der Fahrschule an.

Der entscheidende Unterschied, über den nie gesprochen wurde, war aber, dass ich mich, so gut es ging, in die Sexualität hineindrängte, während Ernst lange so tat, als gäbe es sie nicht. Die Scherzfrage nach dem Unterschied zwischen dem obersten und dem untersten Katholiken, wenn man zehn aufeinanderschichtet (*Keiner; sie sind beide gleich verdruckt*) trifft es gerade nicht. Es gibt Entwicklungen, in denen sich die Verachtung und Unterdrückung des Animalischen einprägt, und andere, die sie abschütteln und handeln können, als hätte es sie nie gegeben.

Kinder hungern nach Vorbildern. Es tut ihnen gut, wenn sie diese in ein wenig älteren Kindern finden. Die Erwachsenen und ihre Regeln können das nicht ersetzen. Je fester sich der animalische Kern ausbildet, desto verlässlicher nutzt das erwachsene Ich später innere Anmutungen, um sein Verhalten zu steuern. Es ist dann erst einmal eine gute Idee herumzuprobieren, mich und andere zu streicheln, wenn ich Lust dazu habe.

Das hört sich einfach an. Ist es aber nicht, vor allem nicht, wenn in der ersten, mächtigen Organisation, der das Kind nach dem Elternhaus begegnet, erst einmal klargestellt wird: Aus diesem Inneren, aus dem Lusterleben kommt Böses. Wenn du es nicht meidest, wirst du mit ewiger Verdammnis bestraft, mit einem Dauerschmerz, von dem du, Kind, eine kleine Vorstellung bekommst, wenn du den Finger in kochendes Wasser steckst.

Nichts gegen den Glauben, der Halt gibt und die Welt ordnet. Aber alles für den Zweifel, ob die Lehrer und Weltordner die Wahrheit sagen! Die sexualfeindliche Erziehung hat mit der Neugier zu kämpfen, ob denn das alles so stimmt. Die Kirche möchte keine Neurotiker produzieren, aber Gläubige, die von ihr abhängig sind und jedes Jahr mindestens einmal zur Beichte gehen, um sich Sünden vergeben zu lassen, die von der Kirche geschaffen wurden.

Ernst hat sehr viel nachhaltiger unter den frühen Einschränkungen gelitten. Ich weiß nicht, welche meiner für ihn unerfreulichen Qualitäten den Ausschlag gaben, mich als Blender abzuwerten und nur noch das Notwendigste mit mir zu besprechen, aber ich bin recht sicher, dass meine Liederlichkeit in Sachen der

Sexualmoral ein Motiv für seinen Rückzug war. Er lebte solitär unter dem Dach unserer Mutter; ich hatte immer wieder Frauen in meinem Zimmer, auch Silke, die ich dann nach zwei Jahren heiratete. Die Einladung zur Feier ignorierte er.

Meine Forschungen über die Erstgeborenen zeigen, dass diese auch ohne den Druck einer leibfeindlichen Erziehung oft keinen stabilen Zugang zur animalischen Seite der Sexualität finden. Sie sind auf Partner angewiesen, die sie in diesem Punkt unterstützen. Animalisch fundierte Fantasien sind erst einmal frei von Scham und Schuld. Es ist erlaubt, sich alles zu wünschen, sich alles vorzustellen, es wird erst geprüft, sobald es um den nächsten Schritt, den zur Tat geht. Die Fähigkeit zu dieser Vielfalt ist äußerst hilfreich, wenn es darum geht, Wege aus Sackgassen zu finden, in die uns perfektionistische Vorstellungen bringen.

Erstgeborene können die Sexualität verlieren wie andere den Führerschein oder einen Regenschirm. Dieser Verlust wird manchmal geradezu gefeiert und begrüßt, in den meisten Fällen aber leidvoll erlebt. Manche behaupten, ihre Sexualität sei ihnen nie wichtig gewesen, nach einer ersten Enttäuschung hätten sie aufgegeben. In anderen Fällen war die Erotik zwar früher bedeutungsvoll, dramatisch und erfolgreich, ist aber gegenwärtig verschwunden. Die betroffenen Männer sind eher verlegen und beschämt, betroffene Frauen fragen sich oft längere Zeit, ob sie ihre Partner über das Verschwinden der Libido informieren. Sollen sie so tun, als ob es die verlorenen Empfindungen noch gäbe, um sich Nachfragen zu ersparen und dem Gegenüber keinen Anlass zu geben, enttäuscht zu sein, gar fremdzugehen?

Dora und Jakob haben sich im Studium kennengelernt, sind zehn Jahre zusammen, verstehen sich gut, streiten kaum. Sie haben spannende Reisen gemacht, jetzt endlich auch gute Gehälter und eine geräumige Wohnung. Seit sie dort eingezogen sind, hat Jakob das sexuelle Interesse verloren. Die Potenz ist weg; früher war das problemlos. Auf die Frage, wer von ihnen denn normalerweise die Initiative beim Sex übernehme, sehen sich beide an und schütteln wie verabredet die Köpfe. Nein, das habe sich immer so ergeben, da sei niemand auszumachen, der häufiger den ersten Schritt gemacht habe.

Dora war anfangs traurig über die räumliche Trennung von ihrer Familie und ihren Freundinnen. „Ich hätte sie trösten müssen, aber ich hatte selbst Stress in dem neuen Job", erklärt Jakob.

„Er sagt, wenn ich ihn unter Druck setze, geht erst recht nichts", sagt Dora. „Aber wenn ich keinen Druck mache, passiert auch nichts. Und ich höre das Ticken der biologischen Uhr. Jakob hört das nicht."

Dora ist Einzelkind. Ihre Eltern haben sich im Streit getrennt, der Vater ging fremd, die Mutter war sehr eifersüchtig.

„Harmonie ist mir sehr wichtig", fasst sie zusammen. „Ich kann mir nicht vorstellen, rechtzeitig mit jemand anderem eine so gute Beziehung aufzubauen, aber Jakob reagiert einfach nicht mehr auf mich."

Jakob ist ein Erstgeborener; nach der Geburt seiner Schwester ging der Vater für zwei Jahre ins Ausland, angeblich aus Karrieregründen. Jakob fühlte sich in der Pflicht, die überlastete Mutter zu trösten. Er spricht leise und wirkt zurückgenommen, er kann sich ein Leben ohne Dora nicht vorstellen, neulich auf einer Fortbildung hatte er Sex mit einer Teilnehmerin, „das ging tadellos, hat mir aber nichts bedeutet".

Das Verschwinden der Erotik aus der Beziehung von Dora und Jakob wurzelt in Jakobs früher Überforderung durch eine depressive Mutter und in Doras fehlenden Möglichkeiten, seinen Rückzug aufzuhalten. Jakob gilt im Freundeskreis als absolut zuverlässig und zupackend, ein Fels in der Brandung. Anfangs weckte Doras zärtliche Bewunderung Jakobs erotische Fantasien. Das änderte sich mit dem Umzug und Doras Wunsch nach einem Kind. Jakob fühlte sich jetzt unter Druck zu liefern. Unbewusst sah er in Dora seine Mutter, die ihn „verraten" hatte. Jakob funktionierte weiter, Dora hörte kein böses Wort. Ihr Mann nahm alle Schuld auf sich. Sein Rückzug verletzte Dora, aber sie war ebenso ohnmächtig, wie es Jakob angesichts seiner Mutter gewesen war.

In der Paartherapie begegnen wir nicht selten Paaren, die nach Wegen suchen, ihre gemeinsame Erotik wiederzufinden. Wenn auf das Verhalten gerichtete sexualtherapeutische Interventionen erfolglos bleiben, macht es Sinn, den gemeinsamen Weg des Paares zurückzuverfolgen und herauszufinden, wo das wärmende Stück Gemeinsamkeit verloren ging wie ein lose um die Hüfte geknoteter Pullover auf einer Wanderung.

Oft stellt sich heraus, dass das auf dem Weg von der Freizeit- zur Arbeitsbeziehung geschah. Sobald ein Paar zusammenarbeiten muss, wächst die Verführung, einander nicht mehr zärtlich, sondern kontrollierend zu behandeln. Das fängt beim gemeinsamen Haushalt an. Liebevoll wäre es, aufzuräumen, was ein Gegenüber liegen lässt. Aber in modernen Paaren heißt es doch eher: Jetzt hast du schon wieder dein Zeug nicht aufgeräumt!

Paare haben die Wahl, den Regressionen des Gegenübers mit Wärme zu begegnen oder mit Kälte, dessen kindliche Seite zu unterstützen oder durch Leistungsforderungen zu bekämpfen. Das damit verbundene sexuelle Dilemma hat Freud beschrieben: Die Ehefrau, die alles richtig macht und die Kinder formt, erhöht sich im männlichen Unbewussten zur verehrungswürdigen, aber erotisch nicht attraktiven Madonna; sexuell wohl fühlt er sich hingegen mit der verachteten Hure.

In modernen Familien mit zwei Partnern, die Arbeitswelt und Familie gleichberechtigt organisieren, leben beide Partner erst einmal in einer freien Liebeswelt, die sie dann, ebenfalls zu zweit, in die Arbeitswelt eines gemeinsamen Haushalts überführen sollen. Das ist schöner und freier als die bürgerliche Ehe, in der es keine freie Liebeswelt gab – aber auch riskanter.

Madame Bovary hat ihre Traumwelt noch an den Strukturen messen können, die ihr Ehemann vorgab; moderne Paare haben grenzenlose Träume. Sie müssen Strukturen gegen diese Träume zusammenbasteln, wenn Haushalt und Kindererziehung einigermaßen funktionieren sollen.

Madame Bovary gelang es nicht, ihre Träume der banalen Existenz ihres Ehemanns zu opfern. Aber die Konfrontation mit einem Ehemann blieb ihr erspart, der die eigenen Abstriche von seiner Traumfamilie gegen ihre Klagen über den Verlust ihrer Lebensträume aufrechnete. Das erotische Dilemma der modernen Familie positioniert nicht mehr Madame Bovary gegen die männliche Doppelmoral. Beide Partner sind beides, halb Bürger, halb Hysterika. Frauen haben interessante Berufe, Männer romantische Träume.

Die Aufgabe des modernen Paars, den Wechsel von der freien, erotischen Beziehung zur strukturierten, gemeinsamen Verantwortung für Haushalt, Arbeit und Kindererziehung zu leisten, gleicht in vielen Details der Aufgabe der Erstgeborenen, die symbiotische Nähe zur Mutter gegen die Verantwortung für eine wachsende Familie zu tauschen. Daher sind Erstgeborene besonders gefährdet, dass ihnen über der Aufgabe, Verantwortung für eine Familie zu tragen, die Sexualität abhandenkommt. Ihre Anfälligkeit für das erotische Dilemma wurzelt darin, dass sie in einer frühen Entwicklungsperiode, in der die Erwachsenen und ihre Gebote übermächtig und Verstöße in der Fantasie höchst bedrohlich sind, lernen mussten, ihre wilden Bedürfnisse zurückzustellen.

Eva ist eine Erstgeborene. Sie studiert Jura und lernt während des Referendariats Helmut kennen, der mit zwei älteren Schwestern aufwuchs. Sie verlieben sich und heiraten. Helmut wird in den Staatsdienst übernommen, während Eva in einer Anwaltskanzlei arbeitet. Sie gründen eine Familie, Helmut macht Karriere, Eva kümmert sich um den gemeinsamen Sohn und arbeitet von zu Hause aus.

Auf einer Faschingsfeier im Amt tanzt Helmut mit einer seiner Sekretärinnen, die Stimmung ist locker, Alkohol fließt. Zu Hause erzählt er Eva von der erotischen Stimmung dort und wie er an sich halten musste, nicht weiterzugehen. Er glaubt, dass Eva ihn für diese in inneren Kämpfen bewahrte eheliche Treue loben und vielleicht ein wenig leidenschaftlicher als sonst mit ihm schlafen wird. Seit Eva Mutter geworden ist, bekümmert es ihn, dass immer er die erotische Initiative übernehmen muss. Ist er unattraktiv? Eva reagiert völlig anders, als es Helmut erwartet hat. Nach einem kurzen Verhör erklärt sie ihm, ihre Ehe sei gescheitert, er habe das Treuegelöbnis gebrochen, an Sex mit einer anderen Frau gedacht, er solle auf der Couch im Wohnzimmer schlafen, sie werde nie wieder mit ihm in einem Bett liegen.

Als sich die beiden viele Jahre später zu einer Paartherapie durchringen, merkt man Helmut immer noch an, wie sehr ihn Evas Reaktion auf seinen Bericht von der Feier im Amt erschüttert hat. Erst war er überrascht, dann tat sie ihm wahnsinnig leid, seine Entschuldigungen und Bitten fruchteten nicht, am Ende zogen sich beide voneinander zurück. Jahre später hatte Helmut einen Burn-out; in der Klinik wurde er in der Gruppentherapie und dann auch von seinem Einzeltherapeuten auf den Zustand seiner Ehe angesprochen, der zu dem depressiven Schub beigetragen habe.

„Ich kann nicht mit einem Mann schlafen, der an andere Frauen denkt", erklärt Eva. „Ich habe Helmut angeboten, sich zu trennen, aber das hat er nicht gewollt. Als Eltern funktionieren wir gut, aber unsere Ehe ist kaputt."

Die fünf paartherapeutischen Sitzungen änderten nichts an der sexuellen Distanz, in der es sich beide Partner eingerichtet hatten. Mit jedem Jahr, das sich ein Paar in Sexualvermeidung eingerichtet hat, wird es schwerer, die Unbefangenheit zurückzuerobern. Eva fand eine Sexualtherapie würdelos. Sie hatte entdeckt, dass Helmut Pornoseiten besuchte; das hatte ihren ersten Eindruck bekräftigt, dass seine sexuellen Wünsche nicht ihr galten. Helmut klagte, Eva gönne ihm gar nichts, er habe auch seine Bedürfnisse, sie habe ihm vor dem Altar versprochen, zu ihm zu stehen, in guten und in schlechten Zeiten.

Helmut verstand Evas Haltung besser und konnte sie mit mehr Wärme anschauen, als sie erzählte, wie sie unter dem chaotischen Leben ihrer Mutter gelitten hatte, die von Eva verlangte, ihre beiden Geschwister davon abzubringen, sie beim Sex mit ihren Männerbekanntschaften zu stören. Eva hatte sich in ein Bild reiner Liebe gerettet; sie schien mit sich selbst einen Pakt geschlossen zu haben, dass sie sich nur in absoluter Sicherheit auf erotische Gefühle einlassen würde. Muss die wahre, die große Liebe nicht auch die einzige sein?

Die verdeckte Verwandtschaft des Antiromantischen mit dem Romantischen zeigt die Beziehung zwischen Astrid, einer Erstgeborenen, und Oliver, dem zweiten von drei Kindern. Sie haben sich im Polizeidienst kennengelernt, Astrid war Kollegin, hochbegabt und einen Dienstrang über Oliver. Als sie sich näherkamen, verheimlichte Oliver, dass er eine Freundin in seinem Heimatort hatte, mit der er immer noch schlief, wenn er seine Eltern besuchte. Als Astrid vorschlug, zusammen zu wohnen und eine Familie zu planen, trennte er sich definitiv von dieser Frau.

Während eines gemeinsamen Urlaubs, Astrid hatte die Pille abgesetzt und die Stimmung war zärtlich, erzählte sie, wie viel schöner sich Oliver anfühle als alle Männer, die sie vor ihm gekannt habe. Eine Wahrheit ist der anderen wert, auch Oliver berichtete von den Frauen, die es vor Astrid gab, auch von seiner langjährigen Freundin im Heimatort, ja, da sei er auch noch eine Weile zweigleisig gefahren.

„Davon hast du mir nie etwas gesagt", empörte sich Astrid. Sie sprang auf, zog hastig ihre Trainingssachen und Laufschuhe an.

„Was soll das?", fragte Oliver. „Das ist doch lange her und vorbei, wir waren noch nicht fest zusammen, ich wollte dich nicht beunruhigen und …"

„Hör auf!", schrie Astrid. „Ich muss das jetzt erst einmal verarbeiten." Sie schlug die Tür zu und rannte, bis sie nicht mehr konnte, um ihren Zorn und ihre Verzweiflung loszuwerden.

Astrid wurde schwanger. Sie heirateten. Vorher entwarf Astrid einen Vertrag, dass sexuelle Beziehungen außerhalb der Ehe erlaubt seien, vorausgesetzt, sie seien unverbindlich und der Partner werde informiert.

Astrid wünschte sich ein zweites Kind, aber es klappte nicht mehr. Sie weinte viel, eine Freundin riet zu einer Therapie. Sie kam bald auf die sexuellen Probleme in ihrer Ehe zu sprechen: Oliver wolle mehr von ihr, als sie geben könne. Eigentlich habe sie kein Interesse an Sex. Sie brauche das nicht. In einer offenen Ehe wisse man wenigstens, was Sache sei. Oliver sei ein guter Vater, er sehe gut aus, sie könne sich auf ihn verlassen, aber die Schmetterlinge im Bauch, die würden schon lange nicht mehr flattern – und bei anderen Männern auch nur ganz selten einmal. Oliver nutze seine Freiheit viel mehr als sie, obwohl er anfangs von ihrem Vorschlag befremdet war.

Es tut für Eva und Astrid nichts zur Sache, dass Helmut und Oliver ein Kompliment beabsichtigten: *Du bist die am meisten Begehrte!* Die Begegnung mit den regressiven Angeboten der Erotik löst so viel Angst aus, dass rigide Kontrolle die Partnerschaft zugleich sichert und gefährdet.

Die Fähigkeit, regressives Verhalten eines geliebten und idealisierten Menschen zu verstehen, kann sich bei Erstgeborenen nicht ausreichend entwickeln. Das hängt mit dem Bedürfnis zusammen, das Liebesobjekt zu idealisieren – und der Furcht, durch Risse in dieser Idealisierung alles zu verlieren.

Seit Eva sich an Helmut gebunden hat, interessiert sie sich nicht mehr für andere Männer. So gelingt es ihr nicht, sein Verhalten einzuordnen. Was er ihr als Sieg seiner Liebe über eine Verführung anbieten möchte, ist für sie Verrat, gleich dem, den ihre Mutter vollzog, als sie die Symbiose mit ihrer ersten Tochter zerstörte.

Wer solchen Kränkungen begegnet, tut gut, sie zu respektieren, auch wenn er sie lebensfremd und grausam findet. Das menschliche Selbstgefühl wurzelt in der Symbiose mit dem ersten Liebesobjekt. Die Sehnsucht nach dem idealisierten Guten,

Schönen, Wahren, die das Bildungsbürgertum in Stein meißelte, will etwas wiederfinden, was es schlechthin nicht geben kann. Denn die frühe Symbiose ist animalisch fundiert, weder richtig noch falsch, weder verlässlich noch unzuverlässig, weder gut noch schlecht.

Ob, und wenn ja, wie sich Menschen an ihren Schwebezustand im Uterus erinnern können, ist nicht zu beweisen. Beobachten lässt sich, wie sie umso fester glauben, dass es die wahre, die große, die einzige Liebe geben muss, je einsamer und verletzlicher sie in dem Augenblick waren, in dem sie den primären Glauben an die Mutter verloren haben.

Dann halten sie mit den ihnen inzwischen zugewachsenen Instrumenten der Intelligenz und des Werterlebens am Bild einer Beziehung fest, die sich von animalischen Qualitäten befreit hat. Tiere lieben, wenn das Objekt da ist und riecht, wie es riechen soll. Menschen lieben wie Tiere *und* wie Idealisten, die nur etwas empfinden, wenn das Objekt in den Rahmen passt, den sie zu ihrer Sicherheit entworfen haben. Die Magie der Erotik verschmilzt beide Komponenten. Sobald aber die Sehnsucht nach absoluter Sicherheit dominiert, werden Reparaturen erschwert. Denn um eine Liebesbeziehung zu heilen, brauchen wir genau jene gefährlichen Kräfte, denen der erfüllte Augenblick wichtiger ist als alles andere.

Was ist aus der Nähe geworden und wo bleibt die Gerechtigkeit?

Als ich zehn und Ernst zwölf Jahre alt war, bat einer ihrer Kameraden aus der Oberklasse des Leopoldinums (so heißt das von Jesuiten gegründete Gymnasium von Passau) unsere Mutter um einen Gefallen. Wie viele ihrer Mitschüler war er Geistlicher geworden und leitete jetzt das Klosterinternat Bergfried bei der Festung Oberhaus in Passau. Für die Sonntagsmesse in der kleinen Kirche des Internats brauchte er Ministranten. Ernst war der Wichtigere, rechts vor dem Altar, er schlug auf einen Gong, um die Wandlung anzukündigen, und brachte die Kännchen, aus denen Wasser für die Händewaschung und Wein für den Messkelch gegossen wurden.

Ich trug das Messbuch von der Epistel- auf die Evangelium-Seite. Gemeinsam sprachen wir das Confiteor, bekannten und bereuten routinemäßig unsere Sünden auf der unteren Stufe zum Altar. Mehr zu tun hatte ich nur bei den seltenen Hochämtern, wenn das Weihrauchfass in Schwung gebracht werden musste.

Zu meiner Enttäuschung waren keine Kohlen darin, sondern ein rundes Brikett, das in einem elektrischen Ofen erhitzt wurde. Darauf füllte der Pater Superior mit einem Löffelchen aus meinem Weihrauchschiff etwas Duftharz. Ernst trug sein silbernes Fass, das an drei Ketten hing und sanft wie das Pendel einer Uhr bewegt werden musste. Im Luftzug erglühte die gepresste Kohle, Rauch stieg auf. Der Superior forderte das Weihrauchfass mit einer Geste, wenn das Hochamt es gebot, packte die drei Ketten in der Mitte, schwenkte heftiger und gezielter, es klapperte, bis er ganz in einem duftenden Nebel stand, der allen Schwefelgestank des Teufels vertrieb.

Ministrant zu sein war ehrenvoller, als anonym im Betstuhl zu knien, aber insgesamt doch langweilig. Ich leierte unsere Gebete und amüsierte mich, wenn das Knie von Ernst knackte. Nach dem Dienst durften wir auf der klostereigenen Platte Tischtennis spielen. Wir brachten uns das Spiel gegenseitig bei; ich entwickelte eine heftige Leidenschaft, von der Risse in der Platte zeugten, wenn ich nach einem vermeidbaren Fehler die Kante des Schlägers niederschmetterte. War ich der bessere Spieler? Auf jeden Fall der ehrgeizigere. Ich wollte spielen und gewinnen; Ernst sagte irgendwann, es sei jetzt wirklich Zeit, nach Hause zu gehen. Da hatte ich zu gehorchen.

Nein, wir redeten nicht darüber, wie wir uns fühlten. Einer schlug vor, was zu tun sei. Meist sagten wir es nicht einmal, einer tat es. Der andere machte mit. Manchmal erklärte Ernst mir etwas und ich staunte, zum Beispiel darüber, dass man in der Nähe eines Rundfunksenders mit einer genügend langen Antenne den Radiowellen so viel Energie abluchsen kann, dass ein Taschenlampenbirnchen leuchtet. Gezeigt hat er es mir nicht, so weiß ich bis heute nicht, ob das funktionieren würde.

In den Geschäften unten in der Stadt Passau gab es seit 1948 Sachen, die wir gebrauchen konnten, zum Beispiel ungefasste Lupen, die zu Brenngläsern taugten. An den ersten hellen und warmen Tagen, wenn wir endlich die kurzen Lederhosen anziehen durften und in einen verwilderten Park zogen, einen unserer Lieblingsplätze, experimentierten wir mit dem konzentrierten Sonnenlicht, das auf der Haut stechend schmerzte und trockene Blätter rauchend durchbohrte. Einmal geriet eine Böschung in Brand, wir schrien und trampelten, ich kämpfte die Versuchung nieder, davonzulaufen. Wir kamen mit dem Schrecken davon und wurden vorsichtig. Über die Angst, als Brandstifter verhaftet zu werden, haben wir kein Wort verloren.

In einer dieser Fundgruben gab es auch Wehrmachtskopfhörer und rote Kästchen, die Ernst Kristalldetektoren nannte. Man musste mit einer Metallspitze eine gute Stelle auf einem grauglänzenden Steinchen in einem Glasröhrchen finden, dann hörte man in den Kopfhörern Bayern 1, Mittelwelle. Während ich das Ding nur benutzte, hat es Ernst verstanden und bald angefangen, kompliziertere Empfänger zu bauen, mit Röhren, die bläulich schimmerten, Widerständen und Kondensatoren, verbunden durch gelötete Drähte.

Er hat mich da nicht eingeweiht und ich habe mich nicht hineingedrängt. Ich erinnere mich dunkel, dass unsere Mutter einmal Ernst anschrie und den Katalog seiner Elektro-Bauteile zerfetzte, den er täglich studierte, um die Bauteile für einen seiner Empfänger zu finden. Er war inzwischen bei einem Drehkondensator angekommen, dessen schimmernde Metallscheiben mich faszinierten, ohne dass ich verstand, wie es mit ihrer Hilfe gelang, verschiedene Sender einzustellen. Mein großer Bruder hatte zu meinem Entsetzen die sechste Klasse Gymnasium (nach der heutigen Rechnung die zehnte) nicht bestanden.

Ich hatte kein Mitleid, aber die Schadenfreude war mit Angst vermischt. Man war ja nie sicher, welche Note man für eine Klassenarbeit bekam. Mir konnte das genauso passieren. Ernst war angeblich der Erste seit Menschengedenken, der in unserer Familie sitzen blieb. Empörend! Entsprechend bedrückt und beschämt muss er sein Scheitern erlebt haben. Der erste Abiturient in unserer kurzen Bildungs-Ahnenreihe war der Vater unserer Mutter gewesen, der Passauer Opa, Landgerichtsdirektor, Sohn eines Klavierbauers in Unterfranken, Jurist mit Staatsnote. Unsere Mutter, in jedem Fach ausgezeichnet, nur in Turnen lediglich gut. Unser Vater, ebenfalls ein Einser-Abitur, Jurist mit Staatsnote, gefallen. Und jetzt Ernst, sitzen geblieben, weil ihn selbst gebaute Rundfunkempfänger mehr interessierten als Latein und Griechisch.

Wäre eine Lehre in einem Elektrogeschäft das Richtige für Ernst? Es wurde darüber nachgedacht. Mir schien das sehr bedrohlich. Obwohl ich viel Angst vor dem Gymnasium und den Lehrern hatte und mit einem Wort wie Bildungsdünkel so wenig anfangen konnte wie mit Unkeuschheit, war ich durchtränkt von der Vorstellung, ein solcher Schritt sei eine Schmach. Über ein Leben als Lehrling sprachen die Erwachsenen in dem gleichen Ton wie von Flüchtlingen, den viel zu engen Hosen der amerikanischen Soldaten und der Nachbarin, die ihren heimgekehrten Soldaten-Ehemann nicht eingelassen hatte, weil sie mit einem anderen lebte.

Ernst durfte die Klasse wiederholen und bestand. Ein Jahr später hatte ich ein riskantes Zwischenzeugnis. Unsere Mutter riet, im Unterricht aufzupassen. Dann sei mit einer Stunde Hausarbeiten das Gymnasium kein Problem. Das leuchtete mir ein. An den Lehrern vorbei zu träumen und vor Prüfungsarbeiten hektisch zu lernen, war vergeudete Energie. So entging ich der Beschämung, die Ernst noch ein wenig ernster machte, als er immer gewesen war.

Als wir Kinder waren, ging unsere Mutter an einem Abend unter der Woche zu Freundinnen aus der Lehrerinnenbildungsanstalt. Sie spielte Bratsche in einem Streichquartett. Die Oma übernahm die Aufgabe, uns rechtzeitig ins Bett zu stecken. Sie tat das mithilfe süßer Bestechungen.

Vorher waren wir allein. Dann fragte einer: Wollen wir kämpfen? Wir rangen auf dem Wohnzimmerteppich, in meiner Erinnerung sind wir gleich stark, mal sitzt Ernst auf mir und versucht meine Arme auf den Boden zu drücken, mal ist es umgekehrt, wir passen auf, uns nicht wehzutun, genießen den Körperkontakt. Vor unserer Mutter würden wir uns schämen, aber die Oma hält sich raus und wird nichts sagen, wenn sie hereinkommt, ehe wir fertig sind. Raue Zärtlichkeit, erotisch, aber nicht sexuell. Ich finde keine Szene, die für das Ende dieser Spiele steht. Sie waren irgendwann einfach weg. Seit Ernst sich von mir zurückzog, haben wir uns nicht mehr angefasst. In den Siebziger- und Achtzigerjahren war es in der Selbsterfahrungskultur selbstverständlich, dass sich Männer wie Frauen zum Abschied umarmten. Mit Ernst habe ich das nie mehr getan.

Ich war nie in Ernst verliebt, wie mit vierzehn Jahren in einen Klassenkameraden, der sehr schön war und in den vom Schulchor gestalteten Gottesdiensten mit himmlischer Stimme ein Sopran-Solo – ich glaube das Kyrieeleison von Mozart – sang. Solche Erinnerungen festigen meine Überzeugung, dass wir Menschen multisexuell sind und die Angst vor dieser Vielfalt kein guter Ratgeber ist.

Ernst verschwand nicht aus meinem Leben, als wir 1956 von Passau in ein eigenes Haus in Feldafing zogen. Wir gingen mehr und mehr getrennte Wege, beobachteten und beurteilten einander, wo wir uns bisher schlicht hingenommen hatten. Vorher schliefen wir zusammen in der Dachkammer der Wohnung, die meine Mutter seit 1944, in München ausgebombt, mit ihren Eltern teilte. Jetzt hatte jeder ein eigenes Zimmer.

Manchmal belastete mich Ernsts Rückzug. Ich ging dann in seinen Raum und spionierte, was er so trieb. In einem Regal standen die selbst gebauten Radioempfänger, komplizierte Strukturen, Sockel für Röhren fest auf eine durchlöcherte Metallplatte geschraubt, in verschiedenen Farben lackierte Widerstände und Kondensatoren, säuberlich gelötet, dazu ein Transformator, ein Lautsprecher, der Drehkondensator, um die Sender einzustellen. Ich kannte manche Namen der Teile, hatte aber keine Ahnung, wie sie funktionierten und nach welchem Plan man sie verbinden musste.

Seit ich mit meinem Freund viele Wochenenden und Urlaube verbrachte, unternahmen Ernst und ich nur wenig zusammen. Zwei Aktionen fallen mir ein: das Klavier und die Experimente mit Meskalin. Mein Freund war ein guter, wenn auch eigenwilliger Musiker. Er spielte mir bei meinem ersten Besuch das italienische Konzert von Bach vor und erzählte, wie er sich von seinem Klavierlehrer habe trennen müssen, weil dieser eine andere Vorstellung von Mozarts A-Dur-Sonate hatte als er.

Ich wollte jetzt auch Klavier spielen und überzeugte Ernst und unsere Mutter, wir bräuchten ein solches Instrument. So kam ein schwarzes, leicht verstimmtes Klavier ins Haus, Ernst und ich teilten uns die Kosten von 400 Mark; eine dicke Broschüre fand sich auch, welche die Tasten mit Noten verband und einfache Übungsstücke anbot. Den Gedanken an einen Klavierlehrer verwarfen wir. Wozu Geld für etwas ausgeben, was man selber lernen kann, wenn man die Noten und das Instrument hat!

Ernst war weniger motiviert als ich; ich kann mich nicht erinnern, wie weit er in unserem autodidaktischen Unternehmen kam. Ich konnte nach einem Jahr langsame Sätze von Mozart-Sonaten, einige der zweistimmigen Inventionen von Bach und Beethovens Albumblatt für Elise so spielen, dass bei allem Stocken und Geholper erkennbar war, was die Komponisten gemeint hatten.

Mein Freund lobte diese bescheidenen Erfolge liebevoll. Das half aber mir nicht über die Stagnation hinweg, die nach den ersten Jahren einsetzte. Ernsts Karriere als Pianist endete noch schneller als meine. Unsere Mutter, bei Weitem die Musikalischste der Familie, entdeckte ihre Freude am Spiel wieder und hat sogar später, als ich schon ausgezogen war, das nicht mehr stimmbare alte Klavier gegen ein neues getauscht.

Kinder nehmen ihr Leben so, wie es gerade daherkommt. Feen und Drachen sind zwar etwas anderes als Tisch und Butterbrot, aber ein Kind kann mit allen vieren wirtschaften. Wenn das kritische Denken reift, plagt das jugendliche Ich auch der Zweifel, ob die eigenen Empfindungen wirklich so gültig und groß sind, wie es das Ich erwartet. Dieses Gefühl soll Liebe sein? Wie und wo spüre ich Ehrfurcht, Begeisterung, Erleuchtung? Das Bewusstsein ist noch neu, wenig erfahren, von Sorgen geplagt, nicht zufriedenstellend zu sein, nicht intensiv genug. Kann ich mein Ich verbessern, wie ich mein Moped frisiert habe? So kommen Drogen ins Spiel.

Aldous Huxley war einer der Lieblingsautoren unserer Mutter. Wir lasen *Die Pforten der Wahrnehmung* und wurden neugierig. Ich ging in die Münchner Niederlassung der Firma Merck, Sharp & Dome, gab mich als Mitarbeiter des psychologischen Instituts der Universität aus und kaufte für zehn Mark ein bräunliches Röhrchen, gefüllt mit weißen Kristallen. Das war Meskalin, eine halluzinogene Droge, 1962 noch frei verkäuflich. Ich teilte die Beute mit Ernst gegen die Hälfte meiner Kosten. Heute würde ich dafür als Dealer bestraft. Das zu denken macht mir in meinem braven Leben Freude, obwohl ich nicht einmal sicher bin, dass es stimmt.

Meskalin ist ein Alkaloid und wurde aus dem Peyote-Kaktus isoliert, der seit Jahrhunderten von amerikanischen Indianern benutzt wird, um der Geisterwelt näher zu kommen. Das Meskalin-Experiment machte ich mit Ernst, nicht mit meinem Freund, mit dem ich sonst viel mehr teilte. Ich sprach mit ihm über meine Gedichte, philosophierte über Frauen, scheute mich aber, ihn zu diesem Abenteuer einzuladen.

Meskalin war unser Geheimnis. Unsere Mutter wusste nichts. Aber wir sprachen auch kaum über das, was jeder erlebte. Ich erzählte Ernst von den farbigen Säumen der Dinge, als würde ich durch ein billiges Fernglas sehen, von den Verzerrungen, wenn ich auf meine Hand blickte und der erste Knöchel riesig war, die weiter hinten winzig. Als Ernst nicht mithielt, gab ich auf und schrieb das Erlebte in mein Notizbuch.

Mein zweiter Versuch war auch der Letzte. Vielleicht hatte mich das in den ersten Semestern erworbene Wissen über Sinnespsychologie verdorben? Die von Huxley gefeierte, mystische Macht von Farben überwältigte mich nicht. Mich beeindruckte die Schwäche der unbewussten Aufpasser, die im drogenfreien Zustand dafür sorgen, dass die Dinge mit scharfen Konturen berechenbar an ihrem Platz bleiben.

Das Ganze glich dem billigen Vergnügen, von dem schon Sokrates spricht. Er richtet diese Weisheit gegen jene, die ihr Glück in der Lust suchen. Wenn dich der Floh sticht, macht es dich glücklich, dich zu kratzen. Bist du glücklicher, je mehr Flöhe dich stechen? Nach dem Meskalinrausch, der viele Stunden dauert, war ich erleichtert gewesen, wieder ordentlich denken zu können. Lag nicht mehr Freude darin, in hellem Bewusstsein Gedichte zu schreiben, als Irrlichter tanzen zu sehen?

Während meine letzte Portion Meskalin in einer Schublade in Vergessenheit geriet, hat Ernst seine Hälfte aufgebraucht und dann ein neues Thema entdeckt: Opium. Er brachte den Schlafmohn im Garten unserer Mutter zum Bluten, kratzte den getrockneten Milchsaft von den Kapseln und verarbeitete ihn mit Chemikalien, deren Beschaffenheit er in den Büchern der Universitätsbibliothek erkundete. Einige Male kam er mit winzigen Pupillen, noch weniger gesprächig als üblich, zum Abendessen. Die Mutter und ich wussten, dass er nicht antworten würde, also fragten wir auch nicht, was er da genommen habe und wie es sich anfühle.

Ob er auch mit anderen Drogen experimentiert hat, weiß ich nicht. In seiner Bibliothek fand ich Literatur über Giftpflanzen, Pflanzengifte und vor allem über Pilze, von denen die Gattung Psilocybe ähnliche Wirkungen wie Meskalin und LSD entfaltet. Er war an einem Projekt beteiligt, das Großpilze in Bayern kartierte. In seinen Bestimmungsbüchern fand ich handschriftliche Zeichen einer vieljährigen, genau dokumentierten Sammelarbeit.

Unsere Mutter war oft mit uns zum Schwammerlsuchen in den Wäldern um Deindorf unterwegs. Ich habe das geliebt. Einmal war ich sehr eifersüchtig, als Ernst knapp vor mir ein abgefallenes Rehgeweih entdeckte. Es gehörte ihm! Mäuse hatten es benagt, es war schön beperlt, ein Gabler. Als ich nach Ernsts Tod durch das Haus ging, das unsere Mutter 1956 bezog und das Ernst seit ihrem Tod bewohnte, fand ich das Rehgwichtl, wie es in Deindorf hieß, in einer Schublade. Ich erinnerte mich genau, wie es höchst begehrenswert auf den Fichtennadeln in einem Dickicht lag und ich Ernst um seinen gültigeren Anspruch auf den gemeinsamen Fund beneidete. Jetzt war ich dran, aber in das Bild des Wettstreits von damals mischte sich Melancholie. Dennoch habe ich es mitgenommen, ein Ding mehr, das nach meinem Tod entrümpelt wird, weil niemand mehr da ist, der von seiner Bedeutung weiß.

Gegen Ende der Kindheit sammelten wir Briefmarken. Ernst hatte damit begonnen und in der ihm eigenen Systematik ein Album angelegt, das in bleichen Vordrucken nach den Originalen der deutschen Markengeschichte heischte. Ich hingegen sammelte Tiermotive, Vögel aus Costa Rica, russische Bären und amerikanische Adler. Einmal, ganz zu Beginn, beneidete ich Ernst um zwei große, fein gezeichnete Sondermarken so sehr, dass ich ihnen mit einer Nagelschere die Zähne abschnitt, denn ich hatte gelernt, dass ein intaktes Gebiss über den Wert einer Briefmarke entscheidet – und ich fand es höchst ungerecht, dass Ernst diese schönen Marken hatte und nicht ich. Empörung, Scham, Vergessen, irgendwann die Erinnerung, in der Lehranalyse.

Zwei Fragen bleiben: Wie kam es, dass wir einander verloren gingen? Habe ich ihm die Möglichkeit genommen, glücklicher zu werden? Ich bin nicht sicher, dass Ernst sein zurückgezogenes Leben schmerzlich empfunden hat. Mich hätte es gestört, wenn mein kleiner Bruder vor mir den Führerschein macht, mit seinem Freund einen alten Mercedes kauft, mit Kunstgeschichtsstudenten in die Abruzzen reist, eine davon heiratet, ein Kind bekommt. Wenn er unsere Mutter überzeugt, ihm die Hälfte des Grundstücks in Feldafing zu überlassen, um ein Haus darauf zu bauen.

Die ganze Zeit blieb Ernst in seinem Zimmer im Elternhaus. Meine Mutter war nicht allein, das Haus stand nicht leer, wenn sie auf eine ihrer langen Studiosus-Reisen nach Griechenland, in die Türkei, nach Syrien und Israel aufbrach, Ernst konnte alles reparieren, was an eine Steckdose angeschlossen war. Ich war zu beschäftigt (ein freundlicheres Wort für selbstbezogen?), um Ernsts Zurückhaltung zusammen mit unserer Mutter zu erforschen. Sie schien mit ihm ebenso zufrieden wie mit mir. Ihn direkt zu fragen, hatte ich aufgegeben. War das noch die frühe Scheu vor dem Unwillen des großen Bruders? Oder ist es einfach eine bequeme Ausrede? Ich weiß nur, dass er lange studiert und nach dem Diplom in Physik noch einmal sehr lange promoviert hat.

Es ist schon schwierig genug, zu verstehen, was passiert ist. Warum sich den Kopf zerbrechen, warum etwas *nicht* passiert ist? Gehört es nicht einfach zum Leben, sich zu nehmen, was man kriegen kann, und dann weiterzuziehen, wie es eben Jäger und Sammler tun, älteste Vorbilder für jüngste Geschwister? Ich kann mich nicht erinnern, dass Ernst einmal etwas von mir wollte, dass er kam, mich um Rat fragte, Hilfe erbat, mir ein Problem schilderte. Ich hingegen habe ihn während unserer Kindheit ganz selbstverständlich konsultiert, wenn ich nicht weiterwusste; manchmal hat er mir geholfen, dann wieder nicht. Irgendwann fragte ich nicht mehr.

Als die Computer aufkamen, wäre er mir wieder voraus gewesen und hätte mein Lehrmeister sein können. Aber ich verließ mich auf meine Tochter. Sie half mir, Ernst im Internet aufzuspüren. Er hatte schon früh eine Website programmiert, auf die er Texte stellte, die ihm gefielen; neben dem Gedicht *Die Glocke* von Schiller gehörte auch ein Abschnitt eines meiner Bücher dazu, *Vom Es zum Ich. Psychoanalyse und Evolutionstheorie,* genauer gesagt ein dort skizziertes Modell der Psyche, das ich einer Zeichnung von Sigmund Freud gegenüberstellte. Mein Name war nicht genannt, aber es freute mich doch. Woher aber kam die Überzeugung, Ernst würde schweigen, wenn ich ihn darauf ansprechen würde? Rechtfertigte ich so meine eigene Scheu, nachzufragen, was aus dem Blender geworden sei, von dem ich doch nicht direkt, sondern über unsere Mutter wusste? War er etwa inzwischen auch stolz auf mich? Vielleicht, so hoffte ich, würde sich das alles irgendwann aufklären. Das mit der Aufklärung irgendwann und irgendwie ist eine Hoffnung, die oft trügt und sich selten erfüllt. Im Nachhinein finde ich es klüger, solche Hoffnungen als Ausreden zu erkennen, und nehme mir vor, es nächstes Mal besser zu machen. Aber vor Ort werde ich doch wieder das Gewicht der Bequemlichkeit fühlen und mich nicht aufraffen können, fürchte ich. Es ist schön, von Knoten zu träumen, die sich auflösen. Schöner, als sich abzumühen, mit unsicherem Ergebnis.

So hat unsere Bruderschaft stumm begonnen und endete fast ebenso stumm. Ich erinnere mich nicht daran, dass wir jemals zueinander etwas Verletzendes gesagt haben. Ich verstehe, dass unsere Mutter das Wort vom Blender weitergab, um mir Ernsts Rückzug zu erklären. Sie hätte schweigen oder sagen sollen, *das musst du ihn selber fragen*. Ernst hat es mir gegenüber nie ausgesprochen und ist nicht verantwortlich für alles, was es in mir bewegt hat.

Wenn ich denke, dass meine Mutter ihre beiden Söhne nach dem Prinzip *divide et impera* regierte („teile und herrsche“, in unserer Familie wurde das lateinisch gesagt), komme ich nicht recht weiter. Regieren war ihr eher lästig, regiert werden ebenso; in manchen Dingen (Telefon, Fernseher, Klavier) hatten wir die Macht übernommen. Sie war eine Intellektuelle, kein Familienmensch, hat längst nicht so gern die Gastgeberin gespielt wie ihre Mutter, die Älteste von insgesamt sechs Kindern aus bürgerlichem Haus. Es fehlte der Mann, der Kollegen und ihre Frauen ins Haus brachte, der die Familie nach außen vertrat. Der Grundsatz meiner Mutter, lieber ein gutes Buch als ein dummer Mensch, ist ein Plädoyer für Rückzug in den Lehnstuhl, die Füße auf der Heizung, die Katze im Schoß, bitte stört mich nicht mit euren Eitelkeiten! Vieles haben ihre Söhne übernommen. Ernst hatte weniger Gegengewichte, keine Kinder, weniger soziale Verpflichtungen, die mich immer wieder lehren: Ist erst die Schwelle der früh erworbenen Schüchternheit überschritten, kann Kontakt Freude machen.

Dass ich lebe und Ernst nicht mehr, spiegelt die Ungerechtigkeit, die ich in der Bequemlichkeit des Zweitgeborenen zu entdecken glaube, dem der Erstgeborene den Weg bahnte. Er ist mir vorausgegangen, wie er vor mir ankam.

Eine elementare Ordnung ist bewahrt, deren Verletzung ich erlebte, als mein drittes Kind und einziger Sohn im Alter von elf Jahren an Herzversagen starb. Nach solchen Erfahrungen ist das Leben nicht mehr so wie früher, als sei man in ein düsteres Mysterium eingeweiht worden, das seine eigenen Orte und Jahrestage hat. Wer keine Kinder hat, ist vor solchen Verlusten bewahrt. Aber ist nicht auch die Rolle des Erstgeborenen ein solches Mysterium, ein Akzent, der ein Leben hervorhebt, indem er es belastet und bis an die Grenzen des Erträglichen herausfordert?

Schluss

Zwei Brüder, zwei Jahre Altersunterschied, viele Gemeinsamkeiten in den Erbanlagen und in der Erziehung, viele Unterschiede im Verlauf des Lebens. Ein Arzt hatte in dem Institut promoviert, in dem mein Bruder Ernst die Forschungstechnik leitete. Er lernte mich in einer Selbsterfahrungsgruppe kennen und sagte, es sei für ihn unvorstellbar gewesen, dass wir Brüder seien. Auf unseren Kinderbildern ist die Ähnlichkeit noch ausgeprägt. Wir haben uns dann auseinanderentwickelt. Anfangs war ich ein wenig unbekümmerter, risikofreudiger, weniger bemüht, Menschen aus dem Weg zu gehen. Aber kleine Unterschiede haben tiefgreifende Folgen, weil sie sich im Kontakt ausprägen und verstärken. Ich habe mich viel mehr von Freunden und Freundinnen beeinflussen lassen als mein Bruder, der viel länger bei unserer Mutter wohnte. Seine späte Ehe blieb kinderlos.

Wer beginnt, ein Stück des eigenen Lebens zu beschreiben, entdeckt Verbindungen, von denen er bisher nicht wusste. Ich habe von dem Freund erzählt, mit dem zusammen ich mich in den letzten Jahren am Gymnasium mehr und mehr von meinem Bruder entfernte. Er war einige Jahre älter als ich und passte deshalb in das vertraute Modell, jemanden zu haben, an den ich mich anschließen, von dem ich lernen konnte. Er brachte mir das

Autofahren bei, die Freude am Segeln und am Sammeln, teilte sein reiches Wissen über Kunstgeschichte und Musik.

Auch er war der jüngere Bruder und ein wenig das Sorgenkind der Mutter, denn er studierte hin und her; wir trafen uns, als er nach einer abgebrochenen Ausbildung am Polytechnikum das Abitur nachholte, um Kunstgeschichte zu studieren. Er gefiel den Frauen und diese ihm, während sein Bruder, der Ernst hieß wie meiner, pflichtbewusst ein Studium abgeschlossen hatte, umsichtig das elterliche Geschäft führte und sonntags zur Messe ging, aber keinerlei Anstalten machte, eine Familie zu gründen. Viel lieber bastelte er, erwarb defekte Geräte und brachte sie wieder zum Laufen, eine ausrangierte Kirchenorgel etwa, eine mechanische Buchungsmaschine, einen uralten LKW.

Mein Freund hat zweimal geheiratet; sein Bruder blieb Junggeselle. Er bestätigt die These vom Erstgeborenen, der sich genötigt fühlt, die Werte der Eltern zu erfüllen. Was Kinder da in sich aufnehmen, ist oft etwas ganz anderes als das von den Eltern Beabsichtigte.

Erstgeborene und Einzelkinder trifft die Belastung der kindlichen Entwicklung durch die moderne Kleinfamilie mehr als ihre Geschwister. Wie die meisten seelischen Belastungen kann auch diese ausgeglichen werden. Um Entwicklungen zu verstehen, muss man sich in Einzelfälle vertiefen, allein darum geht es hier.

Kinder, die sich in ihrem Erwachsenenleben zurechtfinden wollen, müssen sich von den Werten der Eltern distanzieren – Erstgeborenen fällt das schwer. Abhängigkeit ist riskant; ihr aus dem Weg zu gehen, ist aber noch riskanter – Erstgeborene müssen um diese Einsicht ringen. An sich können Erwachsene das Scheitern einer Liebesbeziehung ertragen und sich neu orientieren. Erstgeborene haben große Mühe, sich das zuzutrauen. Alle

Menschenkinder müssen damit fertigwerden, dass die alles erfüllende Liebe eine Illusion ist; den Erstgeborenen fällt das besonders schwer.

Macht kann Bürde sein – oder Werkzeug, das freudig gehandhabt wird. Erstgeborne spüren eher die Last der Verantwortung als die mit ihr verbundene Autonomie. Sie fürchten sich vor dem Verlust ihrer Autorität und schämen sich, bedürftig zu sein.

Das alles kann so sein – muss es aber nicht. Der Teppich des Lebens ist aus vielen Fäden gewebt und geknotet. Die Geschwistersituation ist nur einer davon, aber wir verstehen uns selbst und andere besser, wenn wir ihre Wege verfolgen.

Dr. Wolfgang Schmidbauer wuchs in Passau auf, studierte in München Psychologie und promovierte dort, lebte einige Jahre als freier Autor in Italien, machte eine psychoanalytische Ausbildung und arbeitet seither wieder in München. Seine bekanntesten Bücher sind *Hilflose Helfer* und *Die Angst vor Nähe.* Schmidbauer hat neben Sachbüchern auch Erzählungen verfasst und schrieb viele Jahre für das ZEIT-Magazin die Kolumne *Die großen Fragen der Liebe.*